夜回り先生
水谷 修

「考える力」を磨く社会科ゼミナール

少数異見

日本評論社

はじめに

私は40年近い人生を高等学校や大学の教壇で、20年近い日々を新聞や雑誌の紙面で、そして、4年の月日をテレビの報道番組のコメンテーターとして、生徒や社会に対して、その時々に大切な情報を発信し続けてきました。その内容は少年問題に限らず、国際問題、政治問題、経済問題、果ては学問の領域までです。

そのような中で今、私はある危機感を抱いています。それは新聞や雑誌の記者、テレビのコメンテーターの多くの意見や、評論家を自称する人たちの多くの考えが、画一化し、それが国民の多くに影響を及ぼしているということです。多様なものの見方や意見が新聞、雑誌やテレビから発信されることが少なくなり、いつも対局化した二極構造の中で語られることが多くなっています。何かの事件に関しても、国政に関しても国民を二分化し、様々な問題を引き起こしています。

安倍晋三政権の政治政策や経済政策、外交問題に対する対応についても、親安倍か反安倍かという2つの立場に分かれ、その2つの論調がマスコミの場で擁護、あるいは批判のみが続いています。そして、安倍政権を今のままに維持させておくことがいいのか、退陣させることがいいのかという、あまりにも短絡的な結末に流れようとしています。

大切なのはその施政をきちんと一つひとつ検討しながら、どこは正しく、どこに間違いがあるのか。その背景には何があるのか。その解決のためにはどのようなことが必要なのか。これを明確にしながら深く考えるべきなのに。

たとえば、森友・加計《かけ》学園問題についても、誰の発言が正しいのか、誰が嘘をついているのか。そこにのみ視点が向かい、真実や背景まで検討して語る人は少数です。これまでの流れを感情に左右されずにきちんと調べていけば、真実はあまりにも簡単なことなのに、親安倍か反安倍かの感情的なものに流されてしまっています。

この国の明日を語るべき有識者のみならず、国民の多くが、常に右か左かと2つに分かれ論争することが当たり前になってきています。そのような中で、冷静に分析し語ろうとする人たちは、蚊帳《かや》の外に置かれてしまいます。こう考えるのは、私だけではないはずです。

100人の人がいれば、そこには100通りのものの見方があり、100の異なる人生があるはずです。でも、マスコミによる情報提供と、ある意味での情報操作が進んだ今、100人の人が同じものの見方をし、同じような人生を送ることが、何か当たり前のように考えられています。恐ろしいことです。

人は絶対に画一化されてはなりません。あなたはこの世の中に唯一無二の存在であり、自分の力でこの社会に向かい、自分の力で自分の幸せを作らなくてはなりません。そのためには、他者によって染められ操作されることなく、自分自身の意思で生きることが大切です。そして、そのためにこそ、自分独自の「少数異見」を持たなくてはならないのです。

私はこの本で多くの人たちに現代の社会を通じて政治や経済、倫理について、異なる見方「少数異見」を提示したいと考えています。多くの人が、感情やその時の流れで見失っている「ものの見方」を知ってほしいのです。書名の「異見」にはこの思いを込めました。

この本には、61年の人生を教員として生きてきた一人の人間の社会に対する、みなさんに対する私の「少数異見」があります。みなさんの「少数異見」を育てる一助となれば幸いです。

2018年3月

水谷《みずたに》　修《おさむ》

目次

国家の罠を見抜く

哲学入門

いじめを考える

心の問題と教育の現状

少数異見

――「考える力」を磨く社会科ゼミナール――

国家の罠を見抜く

国を損なう⁉　傲慢な指導者たち

北朝鮮が金正恩《キムジョンウン》朝鮮労働党委員長の下で、国際社会に対して無謀、かつ危険な挑戦を繰り返しています。長距離弾道ミサイルの発射実験、核実験。国連安全保障理事会主導の経済制裁やアメリカのドナルド・トランプ大統領による威嚇《いかく》、中国の不快感表明にもかかわらず、とどまるところを知りません。

もし、北朝鮮がぎりぎりの一線を越えて、日本へのミサイル発射や韓国への攻撃を始めれば、あるいは、トランプ大統領が北朝鮮に対するミサイル攻撃等に踏み切れば、東アジアは血の海となります。もしも、生化学兵器や核弾頭を搭載したミサイルが日本の首都・東京の中心部に撃ち込まれれば、数万人の、いや数十万人の命が失われ、日本の政治と経済は立て直しに数十年もかかるほどの被害を受けます。

また、北朝鮮軍が韓国に進軍するならば、最初の砲撃で韓国の首都・ソウルは火の海に。そして、戦闘の中で１００万人を超える命が失われるだろうと推測されています。この数字は少なめに見積もった場合です。東アジア、つまり北朝鮮、韓国、日本は、世界の中で最も危険な地域となっています。

私は1975年から1977年まで、ドイツの大学で学んでいました。当時この大学には、9名の北朝鮮からの留学生と十数名の韓国からの留学生がいました。同じアジア系の学生ということもあり、週末は彼らとワインやビールを飲みながら、熱く語り合いました。

北朝鮮からの留学生たちは口々に、金日成《キムイルソン》国家主席を中心とする社会主義国家、朝鮮民主主義人民共和国が、いかに理想的な国かを熱く語りました。

「日本や韓国は北朝鮮より繁栄しているが、その裏で一部の資本家と、その資本家と癒着《ゆちゃく》した政治家たちが、自分たちの利益と繁栄のために国民を搾取《さくしゅ》している。確かに北朝鮮は貧しい。しかし、すべての国民が平等に富を分かち合い、明日の国創りのために必死に汗を流している。

韓国や日本では抑圧された人民が立ち上がり、いずれは北朝鮮のような社会主義国家となる。その時こそ、ともに学び合ったわれわれが、それぞれの国の架け橋になろう」

私は、彼らの国を愛する熱い心に感動したことを覚えています。

彼らとはその後も、ずっと連絡を取り続けてきました。しかし、1990年代の初めから2003年の間に、一人また一人と連絡が取れなくなりました。金正日《キムジョンイル》体制の中で、ほぼ全員が家族とともに粛清《しゅくせい》（反対派を排除すること）されたと聞いています。彼らが熱く語り愛した北朝鮮は、どこかで社会主義国家の国是を忘れてしまったようです。国民のための国家という当たり前のことを。

ともに学んだ韓国の学生たちとは今も連絡が取れます。彼らは今や、政治家や財界幹部、あるいは、マスコミ業界の幹部として活躍しています。彼らの何人かと会って話をしましたが、その全員が、現在の韓国国民や政治家たち、官僚たちの危機感のなさを嘆いていました。「同じ民族だから、北朝鮮が韓国を攻撃することはない」そう信じている人たちの多さにあきれていました。

また、「ともに学んだ北朝鮮の仲間が生きていてくれたら、今こそ、あの時の友情を国家間の良好な関係のために役立てることができたのに」と、彼らを抹殺した北朝鮮の体制批判をしていました。そして、最後にいわれた言葉は、私の心に刺さりました。

「水谷君、それにしても、日本政府はアメリカのトランプ大統領の陰に入るだけで、独自の平和安定のための動きを何もしていない。それどころか、憲法改正、特に第9条を改正して、自衛隊をかつての軍隊へと戻そうとしている。それが、現状でもこじれている韓日関係の悪化を招き、北朝鮮にとってどれだけ有利になるかも考えずに。安倍首相は北朝鮮を暴発させたいのかい」

北朝鮮は日本人を拉致《らち》し、その返還にも応じない。国内的にも国民の人権を完全に無視し、国民たちは飢餓の中で服従を強いられています。もしも批判すれば、強制収容所に収容されるか抹殺されるかです。

また、その行為が、いかに日本国民の北朝鮮に対する憎しみを増加させるかを知っていながら、国連や国際社会の非難にも耳を傾けず、核実験やミサイル発射を繰り返しています。

このまま突き進んだら、戦争が始まるでしょう。しかも映画の世界のように、金正恩氏やその側近が抹殺され、現在の北朝鮮の体制が崩壊し、民主国家ができあがるという夢のような結果ではなく、韓国及び北朝鮮で数百万の国民の命が奪われるでしょう。当然、日本も無傷ではすまないはずです。

今、安倍晋三首相に求められているのは、威勢のいい言葉ではなく、一時は頭《こうべ》を垂《た》れ、一時は譲っても、この東アジアで一滴の血も流さないですむための日本独自の外交努力だと、私は考えています。それこそが、自主憲法や戦後のレジーム（政治体制）から独立した雄々《おお》しい国日本を創るより、はるかに国民と国を愛することだと私は考えます。残念なのは、金正恩氏と同様に、どうも私たちの代表である安倍首相も、その思慮を持つほど謙虚な人間ではないようです。

一人の危険な指導者は国を滅ぼします。それと同様に、一人の傲慢《ごうまん》な指導者も国を損ないます。

私がこう話すと、韓国の友人たちは一様にうなずきながらいいました。わが韓国も同じだと。

国会の「大義なき解散」

2017年9月、安倍首相が衆議院の解散と総選挙を行うことを発表しました。

みなさんの中には、こう考えた人がいるかもしれません。森友・加計《かけ》学園問題で支持率を下げた安倍政権が、北朝鮮による長距離弾道ミサイルの発射や核実験という理不尽な挑発行為を受け続ける中で、支持率が回復したこの時こそ好機。また、野党の勢力、特に民進党が内部混乱し、日本ファースト（のちに希望の党として結党）が国政政党として組織できていないからこそ、自民党と公明党の与党にとっては、選挙で圧倒的な勝利をおさめることのできる絶好の時期だろうと。

しかし、これはとんでもないことです。

首相による衆議院の解散権について、少し復習してみましょう。

解散権には2つあります。それは「受動的解散権」と「能動的解散権」です。

「受動的解散権」は、通常「69条解散」と呼ばれます。これは日本国憲法第69条「内閣は、衆議院で不信任の決議案を可決し、又は信任の決議案を否決した時は、十日以内に衆議院が解散されない限り、総辞職をしなければならない」つまり、内閣が衆議院で不信任決議をされた時、衆議院を解散して、国民に信を問うことができるという「解散権」です。日本国憲法の根本精神である「三権分立」において、「立法」つまり国会（議会）と「行政」つまり内閣の対等な関係を維持するためには、とても重要な権利ということができます。この「受動的解散権」は、日本と同じように議院内閣制を行うほとんどすべての国で認められています。

もう一つの「能動的解散権」は、通常「7条解散」と呼ばれています。簡単に説明すれば、首相自らが衆議院を自由に解散できる権利のことですが、じつは、日本国憲法のどこにも、それに関する条文はありません。

天皇の国事行為を規定する憲法第7条の「天皇は、内閣の助言と承認により、国民のために、国事に関する行為を行ふ」という中の「衆議院を解散すること」を拡大解釈して、これまで多くの首相がこの「能動的解散権」を使ってきました。

この「能動的解散権」は、一つ間違えれば、権力者にとって恐ろしい武器となります。いつでも自分の都合のいい時に、衆議院を解散できるのですから。多くの政治家たちは「首相の伝家の宝刀」と呼んでいます。

また、この権利を都合よく乱用すれば、行政府の内閣が、立法府の国会に対して圧倒的な力を持ってしまいます。それこそ「三権分立」の危機となります。だからこそ、今までは注意深く使われてきました。近年では、小泉純一郎内閣時の「郵政解散」でも、第1次安倍内閣の「消費税解散」でも、衆議院を解散してまでも国民に信を問わなくてはならない大きな道義、大義がありました。それでも日本の多くの法学者は、国民によって選ばれた議会を首相が意図的に解散することは憲法に違反すると、この「能動的解散権」を違憲としています。

世界的に見ても、この「能動的解散権」を明確に認めている国は日本のみです。ドイツもイギリスも、この権利は三権分立の根幹を揺るがすものとして、認めていません。

違う観点から見てみましょう。

この時点で衆議院を解散することに何の意味があったのでしょうか。北朝鮮の絶えることのない挑発、いつ有事が起きても不思議のない状況下です。党派を超えて内閣と国会が協力して対処していくべき時に、何のために、政治的空白を選挙によって作るのでしょうか。

さらに、森友・加計学園問題という首相周辺がかかわる大きな問題に対して、国会の場でその背景と真実を速やかに明らかにしなくてはならない時に、なぜ、国会を解散するのでしょうか。

また、安倍首相は２０１９年10月から10パーセントに引き上げられる予定の消費税の用途を、より多くの子どもたちを支援するために使うことを解散の大義の一つに据えました。しかし、このことに関しては、国会を解散して国民に信を問わなくても、野党の多くの党も国会の場で賛成するでしょうし、国民の多くもあえて選挙によって信を問われなくても、賛成するはずです。

まったく意味のない解散、「大義なき解散」です。

私には安倍首相と自民党の党利党略のように思えます。野党間の連携にきしみが生じている間に、また、小池百合子東京都知事を中心とする新政党「希望の党」の選挙準備が整う前に、解散、総選挙を実施し、与党の勢力を伸ばそうという醜《みにく》い意図を感じました。森友・加計学園問題についても、選挙で勝利することによって国民からの信任は受けたと逃げ切ろうとする意図も感じました。これは私だけでしょうか。

このような「大義なき解散」を認めてしまうことは、民主主義の崩壊です。しかも、国民がそれを認め、与党が大勝した今、さらに安倍首相の下に多くの権力が集中していきます。これがこの国の明日を非常に危険なものとするだろうと考えるのは、私一人ではないはずです。

日本の民主主義が死んだ日

日本の民主主義は死にました。こんな哀しいことを、自分が生きている間に書くとは思いませんでした。

日本は民主主義国家です。国民が選挙によって選び付託した議員と政党が、国会の中で政策を訴え、明日の日本を創っていく。これが民主主義の原点です。

ただし、一人ひとりの議員の力は限られています。だから議員たちは、同じ思想とこの国の明日に対する施策を持つ仲間たちと政党を作り、その政党単位で国政選挙に打って出て、その政策で国民の信を問い議席を得る。これが日本の民主主義政治の原点です。

それが２０１７年10月の衆議院議員選挙で、完全に壊されました。

民進党（かつての民主党）のマニフェストとこの国の明日に対する施政を信じて、その候補者に大切な一票を投じ支持した人たち。民進党はその人たちの国政への唯一の参政権である貴重な一票を無視して、分裂しました。そして、多くの議員は希望の党に合流しました。ここに、民主主義はありません。信じてくれた人たちへの裏切りしかありません。

民主主義の原点は、政党政治です。この国の選挙は、衆議院も参議院もともに比例区の選挙があります。それは、国民一人ひとりの政治信条の中で、自分が信じる政党に大切な一票を投じることができるという極めて重要な権利です。その権利で国民の参加政権を付託された政党を勝手に分裂する。これは、許されることでしょうか。決して許されないことです。少なくとも個人の政策ではなく、政党の政策で選出された比例区で民進党の国会議員となった人たちは、この選挙に出馬する資格はありません。

民進党の人たちに聞きたい。

あなたたちは党代表の選出にあたって、きちんと党傘下の議員と党員たちの票決で代表を決めています。これは民主主義です。でも、今回の分裂劇について、どんな民主主義的な解決がなされたのか。民進党を支持し、それぞれの権利を付託した大切な人たちの思いをきちんと受け止めているのかと。

確かに、政党がその政策に行き詰まり、多くの人たちからの信任を受けることができず、解党することはあります。でも、解党した政党の議員たちの多くは、自ら政治の場から去りました。それは、自分や自分の政党を信じ、その権利を付託した国民を裏切ったからです。この言葉がきつければ言い直します。その思いに応えることができなかったことに責任を取ったのです。

今回の衆議院選挙に、かつての民進党の議員たちは選挙区でも比例区でも、たくさん出馬しました。彼らに聞きたい、どの面《つら》を提《さ》げて選挙に出るのかと。あなた方を信じて大切な一票を投じた人たちへの償《つぐな》いのためにも、今回は出馬する資格はなかったのではないかと。

希望の党は東京都知事である小池百合子氏が作りました。でも、そのマニフェストは……。

何かこの国の政治が、明日をこのように作りたい、この国の未来をこのようにしたいという政党政治の世界から、安倍政権を倒す、安倍政権を守る、そのような低次元のレベルに墜ちてしまいました。

今、私たちのこの国の子どもたちの7人に一人が、三度の食事をきちんと食べることができていません。多くの高齢者がこの国のためにあんなに働いてきたのに、日々の暮らしに苦しんでいます。それを考えれば、こんな馬鹿げた衆議院の解散や、それ以上に愚《おろ》かな政党の離合集散はできるのでしょうか。

この選挙で、私は多くの人たちに訴えたいことがありました。それは、よほどの信念がない限り投票しないことです。これは今の政権や反政権の心ない選挙に対する、唯一の私たちができる抵抗です。もしも、投票率が50パーセントを切ったら、選挙に出馬した人たちは国民の信頼を得られなかったということになり、すべて落選とする。そして、新しくこの国の明日を考える人たちと政策を語り合い、再度選挙を行う。私はそうなることを祈りました。

北朝鮮の危険な挑発、アメリカのトランプ大統領のツイッターと称するつまらない道具での子どもじみた口撃。こんな危険な状況の中で解散、選挙、離合集散。日本の明日はどうなってしまうのでしょう。

「国益」の裏にあるもの

神奈川県横須賀市に防衛大学校があることを知っていますか。この学校は自衛隊の幹部養成のための大学です。

かつて高等学校の教員時代、教え子の一人がこの防衛大学校に入学しました。その彼が大学の初めての休みの日に、制服姿で私の家を訪ねてくれました。この時、彼が誇らしげに語った言葉を忘れることができません。

「水谷先生、この防衛大学校の記章を見てください。これは鳩です。世界各国の軍隊士官養成学校の記章は、鷲や鷹などの攻撃的なものをシンボルとすることが多いのですが、日本では鳩をシンボルとしています。大学に入学してすぐに、教官や先輩からその意味と意義、そして歴史を教わりました。

自衛隊は間違いなく軍隊です。世界でも有数の武器と優秀な隊員を持つ軍隊です。つまり、日本国民の命と財産を守るための軍隊です。平和の国際的シンボルである鳩を記章とすることで、それを示しているのです。

自衛隊の諸先輩方はその発足以来、戦闘で一人の命を奪うこともなく、また一人の命を失うこともなく、確かに日米安保条約によってアメリカの力は借りましたが、国民の命と財産を守ってきました。この尊《とうと》い歴史を忘れることなく、私はこの国を守っていきます」

自衛隊は1950年の朝鮮戦争が始まった時に、当時の連合国軍最高司令官総司令部（GHQ）によって警察予備隊として作られたものが基となり、1954年に組織されました。朝鮮半島で戦闘するアメリカ軍を中心とする連合国軍の補助のためでした。

その当時から現在に至るまで、日本国憲法前文の精神及び第9条の規定、つまり、「他国との紛争において日本は軍事的解決をしない。そのために、戦力は保持しない」という規定に反している。だから憲法違反であると、国会の場や司法の場で論議され続けています。

そのような中、自衛隊は諸外国の艦船の領海侵犯や飛行機の領空侵犯に対して忍従の思いを胸に、一発の弾丸を発射することなく、私たちの国を守り続けてきました。また、震災や災害の際は、被災者救済や被災地復興のために献身的な働きをしてきました。今や多くの国民が自衛隊の存在を肯定し、その存続を認めています。

この彼から久しぶりに、どうしても会いたいと連絡がありました。防衛大学卒業後、陸上自衛隊で20年にわたり勤務し、その幹部指揮官として活躍しているはずです。待ち合わせの場所に、彼は初めて見るスーツ姿で現れました。そして、彼の語った言葉に考えさせられました。

「水谷先生、3月に陸上自衛隊を退官しました。今はこんな姿で仕事探しをしています。私はこの国と国民を他国からの侵略から守るという決意で防衛大学校に入学し、自衛隊で長年勤務してきました。また、士官の一人として部下を育て、率《ひき》いてもきました。

しかし、安倍首相の元で自衛隊は変わりました。いや、変えさせられました。国外の地域紛争や他国同士の戦場にまで派遣されることになりました。憲法改正によって、自衛軍としてさらに変えられようとしています。

先生、戦闘というのはいかなる場合も消耗戦です。銃弾や兵器は当然ですが、隊員の命を失います。私は自衛隊の作戦立案にかかわってきましたが、どんな作戦を立案する場合でも、隊員の何パーセントを失うかを常に想定していました。指揮官として戦闘命令を出すということは、部下の隊員たちに、お前たちの何人かは死んでくれといっているのと同じです。もし他国が日本に侵略してきたなら、私は胸を張って部下たちに戦闘命令を出します。愛する日本の国民の命を守るために死んでくれ、敵を殺してくれと命令します。部下たちも喜んで命を捧《ささ》げてくれるでしょう。

しかし、国民の命や日本の安全に直接かかわらない他国の国内紛争や他国間の戦争に、部下を送り込み、命をかけて戦闘しろという、言い換えれば死んでくれと命じることは、私の良心が許しません。

しかも、直接戦闘に参加するであろう多くの自衛官や私たち指揮官に何の相談もなく、政府は勝手に決定しています。昨年自ら防衛省に出向き、なぜ自衛隊を他国に派遺しなくてはならないのかを官僚に聞きました。その答えは『国益のために』でした。私はこのひと言で退官を決めました。

自衛隊は、国益のために戦う目的で作られた組織ではありません。国民の命と財産、この日本を守るために作られた組織です。そう教育を受けてきましたし、部下にもそう教えてきました。かつて大日本帝国の陸海軍は、国益のために他国に侵略しました。その建前は、アジア各国を欧米の植民地支配から解放し、日本を中心に『大東亜共栄圏構想』、つまり助け合って支え合うアジアを作ることでした。しかし、実際は……。

もし、自衛隊を本来の目的以外のために動かすならば、一度解散すべきです。そして、『国益のために』でも戦う隊員で再編成するか、あるいは、自衛軍として新たに作るべきです。これを上官に伝え、私は退官しました」

今、政治の世界で、「国益」という言葉が、ごく当たり前に使われています。でも、これほど恐ろしい言葉はないと、私たち日本人は先の戦争から学んだはずなのに。

「国益」とは何なのでしょうか。確かに国民の命を守ることや国民の生活を繁栄させることも、その意味の中には含まれています。しかし、何か一部の権力者や資本家の利益のためにという臭いがします。こう感じるのは私だけでしょうか。

私は、彼のこの言葉をすべての人に、特にすべての国会議員に知ってほしいと思います。そして、これからの自衛隊の在り方を考えてくれることを願います。

真の国際交流とは何か

私は1976年にモスクワを訪れたことがあります。その当時はソビエト社会主義共和国連邦（ソビエト連邦）で、まさに共産党の一党独裁政権下の国でした。

社会主義国家を初めて訪れた私は、許される限り様々な場所を見て回りました。美しいクレムリン宮殿、ただし、赤の広場から眺めるだけでした。レーニン廟、そして、グムと呼ばれた国営のデパートや飲食店。日本で70年安保闘争を経験し、その後の高校紛争において、資本家や金持ちたちによる搾取のない平等な社会主義国家に夢を感じていた青年にとっては、大きな衝撃でした。

暗い町、ただ淡々とノルマとしての仕事をこなしている人々。平等という旗の下で、貧しい生活を強いられている人々。ホテルの食事はかたいパンと冷えたかたい肉。放浪中の身である私でも、決しておいしいといえるものではありませんでした。

当時知り合った多くの青年たちからも、明るい明日の夢を語る言葉は、ほとんど聞くことができませんでした。しかも、厳しい言論統制が敷かれていました。私は数日でモスクワを去り、西ヨーロッパへと移動しました。

あの時から長い年月が流れました。ソビエト連邦は崩壊し、今はロシア共和国として、ウラジミール・プーチン大統領の下で、社会主義国家としてではなく国際社会に参加しています。しかし、国際社会の中で多くの問題を発している国であり、ロシア国内でも様々な問題を抱えていることは、みなさんも承知していると思います。

日本にとっても、わが国固有の領土である北方四島の返還を未だに拒み、その一方で、わが国からの経済的、技術的支援を獲得しようと画策している国です。その計略に乗せられてしまった指導者も、わが国には存在します。

先日、モスクワ大学留学後に著名な新聞社のモスクワ支局長として赴任した経験を持つ、友人の記者と会いました。彼のロシアについての話は、大変興味深いものでした。

「水谷先生、ロシアはプーチン大統領による強権的な独裁政治によって支配されている国です。プーチン大統領とその取り巻きの数少ない資本家たちが支配しています。その中には、ロシアンマフィアと呼ばれる、非合法な仕事に手を染め、巨額の利益を手にしている連中もいます。体制批判をする良識ある政治家や記者は投獄され、ひどい場合には暗殺されています。ある意味で、ロシアはごろつき国家と呼んでもいいでしょう。日本でも多くの良識ある人たちはそれを非難し、民主的な政権の確立を望んでいます。

でもそれは、ロシアのことをあまりにも知らないからです。ロシアには160近い民族がいて、30種類以上の言語が使われています。

あれだけの広大な国家であるにもかかわらず、産業はほぼ壊滅状態。兵器を除けば、車も産業機器も電化製品も、衣料品すら自分たちで製造することができません。農業に関しても、自給自足はとうていできません。だからロシア国民は、地方の人たちはもとより、都市部の人たちも貧しいです。私たち西側の国の生活レベルから見たら、耐えられるものではないでしょう。

しかし、電気やガスは無料、教育費も医療費も無料です。プーチン政権は唯一の収入源である原油や天然ガスの輸出で得たお金で、国民に最低限度の暮らし、少なくとも毎日食べるものに困らず暮らせ、何とか平穏に生きることができる生活を保障しています。王政時代、共産党政権時代と、貧しさの中で生き抜いてきたロシア国民にとって、現状は最悪のものではないのです。

私がロシアについて心配しているのは、プーチン以降です。プーチン大統領も人である以上、いつかは亡くなります。それ以後が心配なのです。現在のロシアには、プーチン大統領の跡を継ぐことができるほどのカリスマ的指導者はいません。彼だからこそ、国民の不満や多くの民族間の対立を抑え、一つの国家としてのロシアを維持することができています。

まず間違いなく、プーチン大統領が亡くなればロシアは分裂します。そして、世界最大の紛争地になり、国際的大恐慌や一つ違えれば世界大戦の引き金にもなりかねません。このことをきちんと理解している日本の政治家や経済人、評論家は少ないです。すぐにでも対処しつつ、備えなければならないのに」

この話に、私は深く考えさせられました。

私たちは相手の国の歴史や現状を知らないままに、その国の体制や指導者を安易に批判します。たとえば、共産党の一党支配が続く中国に対しても、都市部と地方の地域格差や貧富の差、言論の弾圧に対して、厳しく非難します。特に言論弾圧は、さすがに私も許すことはできませんが。

しかしその背景には、あれだけ広い国土と多くの人口を抱えた中国は、現状ではそのような強権的な体制でなければ、一つの国としてまとまることができないとも考えられます。

少なくとも、民主主義と自由主義を保証された今の日本で、他の国々に比べれば恵まれた生活を保障されている私たちが、安易に私たちの価値観で批判することは危険だと考えます。

私たちの正義を相手に求めることは、じつは相手の国にとっては、とても傲慢で許せないことなのかもしれません。

世界のすべての国には、それぞれの歴史と文化、そして価値観があります。それをきちんと理解し、尊重することからしか、本当の意味での国際交流は生まれないでしょう。

「同一労働同一賃金の原則」は救済策か

日本の人口増加が止まろうとしています。出生率の低下による子どもたちの急激な減少は、すでに社会問題として現れ、日本全国で小中学校の閉鎖や合併が続いていますし、高等学校でも学級数の減少や閉校が続いています。大学でも、短期大学を中心に閉校が続いています。さらに、若年層の労働者の急激な減少によってすでに影響は出ていますが、今後、日本の企業は労働者の獲得に苦しむことになります。

でも、こうなることは、すでに20世紀後半には予測していたことです。私も社会科の教員としてこの問題を何度も取り上げ、それが年金制度や健康保険制度、ひいては、日本の国家としての存立に大きな問題となることを指摘していました。

しかし、この半世紀、その時々の政権は、この問題にきちんと向き合うことなく、現在の状況を迎えてしまいました。

今、安倍政権下でやっと、政府のみならず多くの政党が重い腰を上げ、この問題に対して取り組もうとしています。

自民党は２０１７年の衆議院議員選挙で、消費税を上げたことによって入る税収を子育て支援に使おうと提案しました。その他の各党も程度の違いはありますが、教育の無償化などを提案しました。

託児や幼児教育の無償化は、子育てしながら働く女性にとって朗報だと歓迎します。待機児童をなくし、託児所や保育園、幼稚園やこども園の費用を無償化することによって、たくさんの働く女性が救われます。特に貧困に苦しむ多くの母子世帯にとっては、自立の第一歩の手助けになります。

また、子育てにかかる莫大な費用から出産をためらっている多くの家庭では、子どもを産み育てるための一歩を踏み出す助けとなるでしょう。日本の人口減少の歯止めになるかもしれません。

かつて民主党政権下で、公立高校の授業料・学費の無償化が行われました。これによって多くの生徒たちが救われました。

しかし、私立高校については大阪と東京のみが、所得による制限はありますが、授業料・学費の公費負担を行っています。お金のかからない公立高校に入りたくても、現在の公立高校の設置数では、日本のすべての中学3年生が進学することはできません。これは国や地方自治体の責任です。無償化が全国に広まれば、さらに多くの生徒たちが救われることになります。

また、一部の政党が提案している、大学や専門学校での教育の無償化。これも歓迎すべきものです。

大学や専門学校に返済しなくてはならない奨学金。私は、これは詐欺だと考えています。本来、奨学金は返済無用のものであるべきで、返済しなくてはならないなら、それは教育ローンと呼ぶべきです。この奨学金を借りて入学し、卒業後に多額の借金を抱え、苦しんでいる若者をたくさん知っています。せっかく大学や専門学校で学んだのに、そこで得た知識や技術を活かすことができず、奨学金の返済のために、より多くの収入を得られる夜の仕事に入る若者たちもたくさんいます。

教育の無償化は、歓迎すべきものだと私は考えています。ただ、そのためにかかる予算を考えれば、よほどの増税や行政改革がなければ、実現不可能に思えます。

私はこの教育の無償化と並行して、速やかに政策として実施すべきことがあると考えています。それは、高齢者の雇用問題です。

先日、高校の同窓会に出席しました。61歳の仲間たちとの久しぶりの再会でした。そこで大きな話題となったのは、仕事のことでした。公務員だった仲間も、会社員だった仲間も、民間の企業で役員になった仲間を除けば、60歳で定年退職です。それでも、ほとんどの仲間たちは再雇用制度を利用して働き続けていました。彼らが一様にいっていたのは、再雇用制度に対する不満でした。それまでと変わらずに働いていても、給与は半分以下に制限されます。これは、おかしなことです。ただし、年功序列制度の下で退職前に高額の給与をもらっていた仲間たちには、「君たちが、それをいうのはおかしい」と説教しましたが。
日本では、2019年度から「同一労働同一賃金の原則」が制度として定められる予定です。この制度は、本来、正規雇用の労働者と比べて劣悪な環境にある非正規雇用の労働者の待遇を守るために作られる法律ですが、これを拡大解釈すれば、会社に何年勤めようと、役職が変わらない限り、給与は同じということです。この制度は、日本の給与の年功序列制度を解体する大きな変革となります。たとえば、60歳を定年とせず、働きたい人や企業がその労働を必要とする人は、高齢者になっても働き続けることができます。永遠ではありませんが、若年労働者の急激な減少に対して、しばらくの猶予《ゆうよ》を得ることができます。

私は公務員、市立高校の教員でしたが、若い時代いつも疑問に思っていたことがあります。年上の先輩教員たちと同じ労働、いや、それ以上の労働をしているにもかかわらず、彼らのほうが長く勤めているという理由で、給与がはるかに高額です。これは、不平等だと考えていました。

私は日本の雇用制度と給与制度を変えることなく、国を維持していくことは困難だと考えます。そのためには、「同一労働同一賃金の原則」を拡大していくことです。

それには、まずは国民の労働と給与に対するこれまでの常識をすべて捨て去るという、意識変革が必要ですが。

成人年齢の引き下げは、一利なし

安倍首相の下、「成年」の年齢が20歳から18歳へと引き下げられようとしています。２０１６年6月19日には新しい選挙権法が施行され、選挙年齢が18歳以上の国民とされましたし、２０１８年6月21日からは国民投票権も18歳以上に変更されます。さらに、少年法の適用年齢を20歳から18歳に変更することも検討されています。

私は、この流れに不安と恐怖を感じています。

日本の法律の中には、成人年齢と関係のある法令が３０８存在します。たとえば、飲酒・喫煙が認められるのは、現行では成人、つまり20歳以上の国民のみですし、国民年金や国民健康保険の加入義務年齢も成人、つまり20歳以上です。民法でも、親からの同意なしで婚姻できる年齢は成人、つまり20歳以上となっています。

本来、関連法案がたくさんある法律の場合、その一つひとつを変えていくのではなく、その大元、今回の場合ならば、日本における「成年」の定義の見直しから入るべきです。それをせずに、末端の法律から都合よく変えていく。ここに、安倍政権の強い恣意《しい》を感じているのは、私だけではないはずです。

たとえば、選挙年齢を18歳以上に引き下げた時、政権関係者の多くは、「若者たちが自ら選挙という形態で政治参加することによって、若者たちの政治離れを防ぎ、政治意識を高められる」と発言しています。

しかし、これは本末転倒であり、中学校、高等学校、大学の教育に対する冒瀆《ぼうとく》です。各学校では社会科や公民科の教員が中心になり、この国の在り方について生徒や学生がきちんと判断し、政治に参加できるように日々教育を続けています。そして、この国を支え守る国民を育てています。それを無謀にも、「そんな学校教育はあてにならない、不十分だ。だからこそ、若者たちの政治意識が壊れつつある。これをただすためには、実際に選挙という手段で政治に参加させることだ」と選挙年齢を引き下げてしまう。許すことのできない暴挙です。

「成年」とは、本来、単独で法律行為を行うことのできる年齢であり、例外はありますが、国民の三大義務である教育・勤労・納税のうち、勤労と納税という2つの義務を果たしていることが条件だと、私は考えます。しかし今の日本では、大学や専門学校などへの進学率が7割を超え、20歳を過ぎても、この国民の二大義務を果たすことができない若者たちのほうがはるかに多数です。

このような中で、成人年齢を引き下げることに何の意味があるのでしょうか。私は、むしろ成人年齢を23歳以上に引き上げてもいいとさえ考えています。これこそが、本来の日本国憲法に適合することだと考えます。

また、少年法の適用年齢の18歳未満への改正についても、政府や一部の有識者は、少年による犯罪の増加や凶悪化をその根拠としています。しかし、少年犯罪はこのところ減り続けています。少年による凶悪犯罪も決して増えてはいません。ただ、テレビやネットニュースが普及した今、その熾烈《しれつ》な報道合戦によって感覚的に悪化していると感じさせられているだけです。

私は仕事柄、全国の少年院や少年刑務所を回ります。いつも思うことは、収容されている子どもたちの幼さと、生育歴や環境の悲惨さです。この子どもたちを成人と同じように裁《さば》くことは、むごいと考えます。たとえば、成人の犯罪では、初犯や罪が軽い場合は執行猶予という制度があり、逮捕と一定期間の拘留後は、何の教育や指導を受けることもなく社会に戻されます。一方、少年の場合は厳しいです。少年院や少年刑務所では矯正《きょうせい》教育がなされ、その家族に対しても指導が行われます。そして、この子どもたちを教育し直して、さらに環境を変えて、新たにやり直させようとします。この機会が18歳、19歳の罪を犯した若者たちから奪われることは、再犯防止の意味からも「百害あって一利なし」だと私は考えます。

また、もう一つみなさんに訴えたいことがあります。それは、国民年金と国民健康保険の問題です。現行の法律では、加入義務は20歳からです。しかし、成人年齢が18歳に引き下げられたならば、この年齢から国民年金と国民健康保険の加入義務が生じます。

確かに、今や日本の年金制度と保険制度は、国民の高齢化の中で壊滅的な状況に陥っています。しかし、こうなることは、すでに数十年前から想定されていたことです。それにもかかわらず、無策を続けてきた政府と官僚の責任です。

その壊滅的な制度を維持するために、納入義務を2年前倒しにすることは、とても効果的なことでしょう。でも、そのお金を誰が払うのでしょうか。

どうぞ成人年齢の引き下げについて考える時、この問題も必ず思い出してください。

どうする!?　日本の子どもの貧困率

日本の子どもの貧困率は、先進国の中で最高といわれています。日本の子どもたちの7人に一人が、また、一人親家庭の子どもたちの場合は2人に一人が貧困に苦しみ、三度の食事をきちんと食べることができず、貧しさによって進学を断念しています。これはまぎれもない事実ですが、今を幸せに暮らしている人たちには、信じることができない数値だと思います。

しかし、私のように、夜の世界をさまよう子どもたちと日々触れ合い、また、その子どもたちからの相談を受け続けている人間にとっては、何の不思議もない数値です。都市部の教員たちの中には、朝食を食べることができずに登校してくる児童生徒のために、自腹を切ってパンやおにぎりを準備している人もいます。

また、日本各地で、夕食をきちんと食べることのできない子どもたちや母親のための「子ども食堂」を作る動きが広がっています。特に、給食で栄養バランスのよい食事を摂ることのできない夏休みなど、学校の休業期間には、全国のほとんどの都市部で「子ども食堂」が展開されています。そこでは、子どもたちはほとんどの場合無料で、他の子どもたちと一緒に、温かくておいしい食事をみんなで楽しく食べることができます。

さらに、私も長野県松本市で計画していますが、「子どもデパート」を作ろうという動きも全国で広がってきています。各家庭で使わなくなった洋服や制服、鞄《かばん》や文房具、賞味期限が近いけれどまだ食べることのできる食料品などを、地域の方々や商店の協力で集め、それを駅前のビルや地域の倉庫などに並べ、必要な人たちに自由に持っていってもらうという試みです。すでに大阪や東京では始まっていて、多くの貧困世帯の一助になっています。

私は2016年10月に福島県郡山《こおりやま》市及びその周辺の中学校を講演で回りました。この時、多くの先生方や保護者たちから相談を受けました。それは、「高校に進学する際にかかる費用、つまり制服代や体操服代、上履き代、教科書代などに必要な20万円程度のお金を用意することができず進学を諦めたり、働きながら学ぶことのできる夜間定時制高校に進学する生徒たちが、あの東日本大震災以来、加速度的に増えている。小学校や中学校の義務教育の間は就学援助金という形で、制服代や給食費、修学旅行代などの援助を受けることができるが、高校は義務教育ではないため、その援助が打ち切られてしまう。何とかならないか」という相談でした。

当時郡山市では中学3年生は約6000人いましたが、そのうちの2割にあたる1200人が援助を必要としているとのことでした。

すぐに友人のさだまさしさん、宇崎竜童さん、泉谷しげるさんたちに相談し、ボランティアでのコンサートを開催しました。そして、一時しのぎではありますが、900万円のお金をこの子どもたちの進学援助金として郡山市に寄付できました。

また、多くの地方議員や国会議員に、就学援助金について高校進学時の負担費用の一部でも補助してほしいと働きかけています。すでに、次年度の高校進学生に対しての補助を決めた自治体もあります。

平和で安全で、バブル崩壊後に長期にわたる不況が続いたけれど、国民の多くは安定した生活を何不自由なく送ることができている日本で、なぜ、このようなことが起きてしまっているのでしょうか。

私は多くの国会議員たちの無知と傲慢さの中に、その理由を見ます。国会ではテロ対策のために「共謀罪」という法案が審議され、通過しました。さらに、安倍首相は日本国憲法の改正に対して声高に様々な場所で語っています。でも、子どもたちの貧困対策については……。

私はすべての国会議員にとって、いや、私たちすべての日本の大人たちにとって、日本の子どもたちは国や社会、世界の明日を担《にな》う宝物、大切なわが子だと思っています。そして、すべての日本の子どもたちが笑顔で明日を夢見て、今を幸せに生きることができるようにすることは、国会議員をはじめ、私たち大人の義務だと考えています。

もしも、子どもが飢えで苦しみ、貧しさの中で明日を夢見ることができないにもかかわらず、その親が国家や社会について偉そうに語っていたら、みなさんはその親に何といいますか。私は「自分の子どもも幸せにできない人に天下国家を語る資格はない」と怒鳴ります。国会議員の多くは、特に安倍首相は、こんな親たちと同じレベルだと考えます。

安保改正、憲法改正、数多くの海外外遊による国際関係の親密化などに取り組む以上に、最も大切なはずの国民、特に日本の明日を担う子どもたちの幸せに、もっと目を向けてほしい。私はそう考えます。

数年前ですが、現職の総理大臣と面談する機会がありました。私は総理に「今、多くの日本の子どもたちが、朝食や夕食をきちんと食べることができず、カップ麺などのインスタント食品で命をつないでいる」と話しました。その時の総理の発言に驚きました。「そんなにインスタント食品はおいしいのかね」すぐに秘書官が訂正してくれましたが……。とても恵まれた環境で育ったであろうこの人は、貧しいということ、貧しさの本質を理解できていない。そう感じ、この人が総理をしていることに腹が立ちました。

先日、いくつかの政党の若手の国会議員たちと食事しながら話し合う機会を持ちました。現職の大臣も政党の幹部も同席しましたが、その食事会後、私の側近が発した言葉を忘れることができません。彼は政治家たちを見切っていました。「水谷先生、今日きてくれた議員さんたちは世界や国家の話は熱く語るけれど、今苦しんでいる子どもたちについて話した人は一人しかいませんでした。彼らのほとんどは自分の足下が見えていませんね」

みなさん、選挙では天下国家を声高に語る人ではなく、今を苦しむ人たちや子どもたちへの優しい思いやりを持つ人に、一票を投じましょう。

衰退する故郷の再生

この20年間で日本全国各地を回り、北は稚内《わっかない》から南は石垣島まで4300本以上の講演をしてきました。

そんな私が危惧していることがあります。それは地方都市の疲弊《ひへい》です。多くの地方都市では郊外型の大規模店舗の進出により、かつての中心商店街はシャッター街化しています。また、一部の数少ない工場や倉庫などの企業進出を獲得した地方都市以外は、住民の流出から財政的にも苦しんでいます。

この背景には、大都市部への学生、労働者、企業の一極集中があります。

以前に三陸のある地方都市の市長と話したことがあります。市長は私にこういいました。

「地方都市では、今や高校の卒業生の数だけ人口が減っていきます。大学への進学や大都市での就職です。地元には大学がありませんし、地元で就職したくても職場がないことが原因です。

その一方で増えているのは、大都市で結婚し離婚した母子が実家に戻ってきて子育てをするケースと、定年後に自分の故郷で余生を過ごしたいと戻ってきてくれる高齢者です。このままでは、地方都市の財政は立ちゆかなくなります。

企業誘致や町の観光資源開発にも取り組んではいますが、とても地方都市のレベルで対応できる問題ではありません。国の政治が動いてくれないとどうしようもないのです。国は地方交付税によって、大都市と地方都市の財政の均一化を図《はか》ってはいますが、とてもこれだけでは不十分です。この状態が続くと、地方都市は崩壊してしまいます」

また、先日私は、長野県のある地方都市で、その地域の町おこしに取り組む青年会議所のメンバーたちと話す機会がありました。その時、彼らの一人が熱く語った言葉に、考えさせられました。

「水谷先生、うちの市で一人の子どもが生まれてから高校を卒業するまでに市が使うお金は約500万円です。でもこれは、直接日々の教育に使われているお金で、施設の維持費や管理費、就学支援金など、他の支出を加えれば1000万円をはるかに超えるお金が使われています。これだけのお金をかけて育てた子どもたちのほとんどは、進学や就職で大都市に行ってしまう。そして、大都市で就職し、納税者となり、うちの市には何も還元されない。これはひどくありませんか。

先生は、教育は未来への投資だとよくいわれます。でも、地方都市では未来への投資ではありません。大都市への投資です。いかに投資しても、その見返りは大都市に奪われるのですから」

かつて内閣府の仕事で沖縄県に行った時、いくつかの市の市長と話す機会を得ました。彼らもこの問題に頭を悩ませていました。沖縄でたくさんのお金をかけて育てた子どもたちの多くは、県内の仕事が少ないせいもあり、本土に仕事を求めて行ってしまう。その結果、地域に残るのは高齢者と子どもたち。これでは、納税者がどんどん減り、市の歳入もじり貧で、国の補助なしには健全な市政の運営などできない。どこの市でもこのような話を聞きました。

私はその時同席していた内閣府の幹部職員に、ある提案をしました。

沖縄の子どもたちに限らず、日本のすべての子どもたちが高校卒業後、進学や就職で地元を離れ社会人になった時、その住民税の20パーセントから25パーセントを、自分が高校卒業までお世話になった故郷に納めるシステムを作ろうという提案です。つまり、80年ともいわれる人生の中の18年をお世話になった故郷にお返しをしようということです。納税システムのコンピューター化が進んだ現在、作業的には、いとも簡単なことです。

もしこれができれば、多くの地方都市が子どもたちの教育に対して投資したお金を最低限回収できます。そしてそれを、地元の活性化や繁栄のための予算にあてることが可能になります。

地方出身者にとっても、自分や自分の父母がお世話になっている故郷の明日のために、自分の税金が使われるのは喜ばしいことでしょう。

また、企業への法人税率を大都市部と地方都市部、過疎地域で変え、地方や過疎地では税率を低くすることを容認する。地方や過疎地に企業が本社機能を移すメリットを作れば、企業本社の大都市部集中が抑えられ、地方の活性化にもつながるという提案もしました。

彼らは必死にメモを取っていました。あれから数年、哀しいことですが、これは国会でも官庁でも話題にもなっていません。

みなさんは、東京都の宿泊税について知っていますか。

東京のホテルや旅館などの施設に泊まり、その宿泊料金が1泊1万円以上の場合に徴収されます。1万5000円未満は1泊につき一人100円、1万5000円以上は200円の宿泊税が徴収されます。これは、石原慎太郎東京都知事時代に作られた地方特別税です。地方都市に比べてはるかに税収の多い東京ですら、このような形で税収を増やそうとしています。

しかし、残念ながら、地方都市でこのような地方特別税を作ってもほとんど税収を増やすことはできないでしょう。

多くの国民にとって、その故郷を救うことができるのは国しかありません。そこまで、日本の地方都市の多くは困窮しています。ぜひ、早急に救済策を作らなければ、私たちの故郷は滅びてしまいます。

ストップ！　環境汚染と環境破壊

世界的に著名なシンクタンク「ローマクラブ」が、1972年に発表した「成長の限界」というレポートがあります。人口増加や環境汚染はかけ算で増えていくのに対して、食料の生産や環境保護は足し算でしか増えていかない。レポートは、このまま、人類が何の対策もせずに自国や自分の利益のために産業活動を繰り広げていけば、100年以内に地球上の成長の限界に達するという警鐘を全世界に発しました。

あの時から、すでに半世紀近くが過ぎています。今、私たちの世界はどうなっているのでしょう。

2017年6月1日、アメリカのドナルド・トランプ大統領が「アメリカはパリ協定を離脱する」と宣言しました。これは、地球の危機的環境問題の現状を無視した無謀な決定です。

パリ協定は地球温暖化防止のために2015年に作成されました。それまでの京都議定書を叩き台として、各国が温室効果ガスの排出を抑制するという、地球の環境を守るためのものです。石炭や石油、天然ガスなどの化石燃料等を使用した場合に生じる二酸化炭素やメタンガスが地球の温暖化を促進させ、このままの状況では海水面の上昇による世界各国の低地の水没、気温上昇による農業への悪影響、台風の巨大化や竜巻の頻発などの異常気象が、人類の生存に対して脅威になることが懸念《けねん》されたのです。このパリ協定には温室効果ガスの二大排出国である中国とアメリカも批准し、日本や欧州連合を含めて世界の110の国や団体が批准しました。

それ以来、2020年からの段階的排出量の削減のために、火力発電から自然エネルギー発電への転換、自動車のハイブリッド化などによる燃費改善、各種電化製品の省エネ化など、企業も国も努力を続けてきました。その背景にあるのは、地球環境の悪化が人類のこれからの生存に対して危険な状態になったという共通認識です。

みなさんは、「地球29日目の恐怖」という言葉をご存じですか。これはアメリカの環境問題に取り組んだ学者レスター・R・ブラウンが、1978年にフランスの民話を元に、地球の環境問題に対して警鐘を鳴らすために使った言葉です。たとえば、目の前に大きな池があったとします。そこに1枚の蓮《はす》の葉があります。蓮の葉は毎日2倍に増えていきます。つまり、1枚が2枚に、2枚が4枚に増えます。29日目に、池の半分が蓮の葉に埋め尽くされました。では、あと何日で池はすべて蓮の葉で覆われるでしょう。答えは簡単です。あと1日です。これは、倍々で増えていくものは、最終段階になるまで気づきにくいことを示唆《しさ》しています。

今、私たちの前には、まだ豊かな緑や青い海が広がり、新鮮な空気を味わうことができます。しかし、これ以上、経済成長や快適な生活を目的として自然破壊していけば、あとわずかな時間で地球環境は取り返しがつかないほど破壊され、汚染されてしまう。これを訴えているのです。まさに、ローマクラブの「成長の限界」に、私たちの世界は達してしまっています。

先日、イギリスの著名な科学者であるスティーブン・ウィリアム・ホーキンス博士は、「気候変動、小惑星の衝突、感染症、人口増加のために、地球は私たちにとってより危険の増した場所となっている。人類はこの先100年で別の惑星への入植を行わない場合、人類滅亡に迫られる」という警告を発しました。この警告は納得できるものです。また、博士は「この問題の解決のためには、国内及び国同士の障壁を破壊し、すべての国と社会層の人たちが協力し合うことが必要だ」とも語っています。

みなさんにお聞きします。なぜ、20世紀初頭に2度の世界大戦が起こり、多くの命が失われることになったのでしょうか。

17世紀から20世紀初めまで、世界は帝国主義の時代でした。イギリス、スペイン、ポルトガル、フランスなどヨーロッパ各国が、アジアやアメリカ大陸、アフリカを植民地として支配し、それらの地域からの略奪、あるいは搾取によって、かつてない繁栄を手に入れました。ところが、国家の統一に遅れを取り、19世紀後半から植民地獲得に走ったドイツやイタリアは、多くの植民地を手に入れることができませんでした。すでに世界のほとんどの地域が他国の植民地となっていたからです。

20世紀初頭には、まさに「帝国主義の成長の限界」を迎えました。そのような中で、さらに帝国主義を推し進めるためには、戦争によって他国の植民地を奪うことしかなかったのです。そして、2度の世界大戦が勃発し、多くの命が失われました。

この2度の世界大戦を通じて世界各国は賢くなりました。世界を植民地として支配するのではなく商圏、つまり、市場として支配する資本主義が始まりました。アメリカや日本、ドイツは、その勝ち組となりました。

しかし、21世紀に入り、世界の市場そのものが広がりの限界を迎えました。今や、大量生産、大量消費によって日本が、世界の国々が、資本主義経済を拡大していくことには無理があります。ここに、環境問題も深く関係してきます。


大量生産、大量消費は、私たちの唯一の生存の場である地球に環境汚染や環境破壊をもたらしました。今、地球を守らなくては、私たちの子孫はあとわずかな期間で滅びることになってしまいます。多くの環境学者が発言しているように、まさに今、私たちは「地球29日目」にいるのです。

地球は閉鎖空間です。そうである以上、地球上のすべての国、すべての人は、私たちの子孫が一日も長くこの地球で生活できるように地球を守る義務があります。アメリカが自国の経済活動を優先してパリ協定から離脱するということは、子孫のために地球を守る義務を捨てたということです。

地球はすでに、経済的にも環境的にも成長の限界を迎えています。現在の地球の環境を守るためには、私たちはそれを破壊する経済活動を自粛《じしゅく》するしかありません。今の欲望で明日の人類の生存を脅《おびや》かしてはなりません。

私たち一人ひとりが欲望を抑え、不必要なものは手に入れず環境を守る努力を、今すぐにしなくてはならないのです。消費に使うお金を一人2割減らせば、単純に計算すれば、二酸化炭素排出量や環境汚染、地球温暖化を2割減らすことができます。

私は環境問題について国家間が、また政府が、熱心に取り組むことは当然だと考えます。でも、問われているのは消費者としての一人ひとりです。私たち一人ひとりが、この問題についてできることがあります。まずは、私たちが動きましょう。

哲学入門

正義の戦争と不正義の平和

「戦争はいやだ。勝敗はどちらでもいい。早く済みさえすればいい。いわゆる正義の戦争よりも不正義の平和の方がいい」

これは作家の井伏鱒二が広島の原爆を題材にした『黒い雨』（新潮文庫）という作品の中で書いている言葉です。「正義の戦争よりも不正義の平和の方がいい」重い言葉です。この言葉の中にある深い意味と深い哀しみを理解している政治家は、日本にいったい何人いるのでしょうか。井伏鱒二がどうしてこの言葉を書いたのか。ぜひ『黒い雨』を読んで、みなさんなりに解釈してください。ここでは私なりの思いを書いてみます。

イラクのサダム・フセインによる化学兵器の開発や国民に対する弾圧に対して、アメリカを中心とするいくつかの国は、中東地域の安定と世界の平和のため、イラク国民のために、イラクとの間で戦争をしました。正義の戦争だと、日本の多くの人たちもそれを信じました。サダム・フセイン政権は壊滅し、フセインは殺されました。確かに、彼は圧政者でした。国民を力で支配し、多くの反対派の人たちを殺しました。本当なら、これでイラクは平和な民主主義国家になるはずだった。でも、かえって国家自体が混乱状態となり、その中でイスラム原理主義のイスラム国（ＩＳ）が台頭し、さらなる戦争になりました。そして、多くの国民と子どもたちの命が失われました。これは歴史的事実です。

私はイラクから日本にきたある家族と親しくしています。この家族の主はイラク大学で教えていました。彼は私にいいました。

「サダムは間違っていた。彼と彼の一族は、イラクを民主主義ではなく、恐怖で支配した。あの時代、私もいつも秘密警察に怯《おび》え、大学の授業でも学生たちに心からの真実を語ることはできなかった。サダムは多くの反体制派の人たちを殺した。その中には私の親友もいる。

でも、君も知っていると思うが、サダム政権が崩壊し処刑されたあと、私の国イラクはどうなった。国家は分裂し、混乱が続く中でＩＳが台頭し、多くの罪もない人たちが殺された。また、ＩＳに対する戦闘で、罪もない人たちや子どもたちが命を奪われた。

私はアメリカを中心とする軍が、サダム政権を倒すためにイラクと戦闘を始めた時、じつはうれしかった。これでイラクが本当の民主主義国家になると。

しかし、今は間違っていたと恥じている。圧政の中でも弾圧の中でも、時間がかかろうが失う命があろうが、私たちイラク人の手で民主主義国家を創らなくてはならなかったと。そうすれば、こんなに多くの命を失わなくてすんだ」

彼のこの言葉を聞いた時、私は冒頭の「戦争はいやだ。勝敗はどちらでもいい。早く済みさえすればいい。いわゆる正義の戦争よりも不正義の平和の方がいい」という言葉を思い出し、その背景を彼に話しました。聞き終えた彼は「この言葉を学生たちに話したかった」そう答えました。

かつて私たちの国日本は、欧米諸国の植民地として支配されているアジア各国を開放し、アジア全体でともに支え合い助け合うという「大東亜共栄圏構想」を正義として、第2次世界大戦に参戦しました。本当は欧米諸国のように、アジア各地に直接支配する植民地を持ちたかったのかもしれませんが。

結果として、アジア各国は欧米諸国からの独立を手にしましたが、それらの国々では多くの命が失われました。日本は敗れただけでなく、主要都市は非人道的な空襲によって壊滅し、広島と長崎には原子力爆弾を投下されました。そして、多くの国民の命が失われました。

近年、北朝鮮は金正恩《キムジョンウン》朝鮮労働党委員長の独裁の下、核兵器の開発・実験、長距離弾道ミサイルの開発・発射実験等で、韓国、日本、そしてアメリカを恫喝《どうかつ》しています。そんな中、北朝鮮国内では政権幹部の粛清《しゅくせい》も続き、国民の生活は疲弊《ひへい》し、多くの人たちが苦しんでいます。北朝鮮が非人道的な国であることは、日本から拉致《らち》した人たちを返すことすらしない行状でも明らかです。国際社会は、その事実を認めています。

その一方で、金正恩氏と北朝鮮の政権幹部は、イラクのフセイン政権やリビアのカダフィー政権が倒され、彼らが命を失ったのは、アメリカを直接攻撃することができる核弾頭を搭載した長距離弾道ミサイルを持っていなかったからだと考えています。これさえ持っていれば、アメリカは国民の命を守るために妥協して、現政権の存続を保証するだろうと考えています。そうである以上、北朝鮮はその完成まで一切の妥協はしないでしょう。これに対して、アメリカや国際社会は、それを容認することは決してできません。どのような規模になるにしても、戦争は始まるでしょう。

北朝鮮の金正恩政権を倒し、新たなる民主主義の国家を創ること。あるいは理想的ですが、南北朝鮮が韓国主導の下統一国家になることは、正義といえるでしょう。でも、もしも、アメリカの攻撃で戦争が始まれば、北朝鮮、韓国はもとより日本でも、多くの人たちの命が奪われます。その数を数百万人とする専門家もいます。

正義のための戦争で失われる命のほうが、不正義の平和の中で奪われる命の数より、はるかに多いのです。

しかも、戦争で命を失うのは北朝鮮でも韓国でも日本でも、そのほとんどが普通の国民であり、その子どもたちなのです。正義を声高に語る国会議員や官僚、また大企業の幹部の何人が、先頭に立って自らの命を懸け、国民のために血を流すでしょうか。

この地域での戦争の足音が近づいてきている今、私たちは「いわゆる正義の戦争よりも不正義の平和の方がいい」という、この言葉の意味と重さを深く考える必要があります。

「配慮」という正義

古代ギリシャの哲学者アリストテレスは、「正義」には、「配分的正義」と「調整的正義」の2つがあるといっています。

これは簡単に説明することができます。例を挙げましょう。

船が沈没し、体重50キロの人と100キロの人、2人が救命ボートに乗って漂流していたとします。そして、そのボートは3リットルの水しか積んでいなかったとします。その水を、どちらも同じ一人の人間だからという理由で1・5リットルずつ分ける。これが「配分的正義」です。平等といえばいいでしょう。それを、体重の重い人は軽い人より多くの水分を必要とするという理由で、50キロの人が1リットル、100キロの人が2リットルと分ける。これが「調整的正義」です。

みなさんはどちらが「正義」だと考えますか。

アリストテレスは、じつはどちらも本当の「正義」ではないといいます。体重の軽い人が重い人に「君のほうが体が大きいのだから、私より多くの水分を必要とする。だから、多く飲んでほしい」という。逆に、体重の重い人が軽い人に「同じ人間なのだから、平等に分けて飲もう」という。このようにお互いが相手を思いやる「配慮」の中にこそ、「正義」があると説きます。

今、この「配慮」という正義が、世界から日本から、失われています。

アメリカはドナルド・トランプ大統領の下で、自国の産業保護のためにパリ協定から離脱しました。環境汚染や環境破壊がこれ以上進めば、世界が地球が、どうなるかよりも、自国の繁栄と自国の国民からの支持を優先しました。

また、トランプ政権は自国の企業や産業、農業の利益追求を第一として、環太平洋パートナーシップ（ＴＰＰ）協定からも離脱しています。世界の安定的発展のためには、市場が飽和化した今、それぞれの国の利権第一ではなく、世界全体の産業や農業の調和的発展が話し合いにより必要なことは、自明であるにもかかわらずです。

一国至上主義は、産業基盤が確立した強国にとっては有利でしょうが、発展の途上にある国や貧しい国にとっては非常に不利です。それが経済のみならず、政治の不安定要素となり、地域紛争やイスラム原理主義の台頭を招き、世界各地での紛争やテロの一因となってしまいます。いや、現になっています。

日本においても同様です。

安倍晋三政権下で、高額所得者に対する所得税率の軽減が行われてきました。その理由は2つです。高額所得者はそれなりの努力をして、それだけの収入を得た。この人たちから高い税率で高額の所得税を徴収することは不平等であり、彼らの働く意欲を低下させる。それだけでなく、より所得税率の低い台湾やタイ、シンガポールへの本社や活動本拠地の移転も招いてしまう。でも、何か間違えています。

日本の労働者のほとんどすべては、必死に努力して働いています。しかも、小泉純一郎政権下から始まった企業優先の雇用制度改革によって、派遣社員や非正規社員として低い賃金に押さえ込まれても、生きるために必死で働いています。高額所得者が高収入を得ることができるのは、それらの多くの低賃金労働者たちの汗と涙のおかげです。また現在も、少なくない企業や個人が本社や本拠地を税金の安い地域に移して、日本への所得税の納付を軽減していますが、それこそ、安倍首相がいつも声高に叫ぶ「愛国心」の欠如した企業であり、人間です。そんな企業や人間は、日本から去ってもらえばいいのです。

大阪にスナダ建設というマンションの開発や建設では有名な企業があります。その社長である砂田直成さんは私の友人です。彼は毎年1億円前後のお金を各地の児童養護施設などに寄付しています。また、この会社の社員や職人たちの給与は、同業他社の給与とは比べものにならないくらい高額です。砂田さんがその理由を話してくれたことがあります。

「私の会社が儲けさせてもらえるのは、この国が平和で安定しているから。また、施主さんたちがマンションを自分の資金で手に入れることができるほど豊かだから。そして、私の会社の社員や職人たちがまじめにきちんと働いてくれているからです。だからこそ私は、施主さんたちに喜んでもらえるいいマンションを納得してもらえる価格で建てる。だからこそ働いてくれた人たちに、会社の利益をきちんと分配し、さらにまじめに働いてもらえるようにする。私が使うお金は知れたものです。節約したお金で日本の明日を担《にな》ってくれる恵まれない子どもたちのために使うのは、当たり前のことです。これが大阪商人の心意気です」私は感動しました。

この心が、今多くの日本の企業、特に金融関係の人たちには、欠けている気がします。自分が努力したから大きなお金を手に入れ、それをどう使おうと、それは自分の自由。そう考えている経営者が多すぎます。人があって企業があり、国がある。人が貧しく苦しめば、そこには企業もなくなる。そんな道理をきちんとわかってほしいと考えています。

思いやりのない国や企業に正義はなく、明日もないでしょう。

とらわれないものの見方と生き方

「図と地」という概念を知っていますか。20世紀初頭にドイツで提起されたゲシュタルト心理学における非常に重要な概念で、私たちの知覚構造を説明しています。私たちが直接見たり聞いたりしているものが図です。そして、その背景が地です。

簡単に説明すると、私たちが何かを見るということは、その他のものを見ないということであり、何かを聞くということは、その他のものを聞かない、何かについて考えるということは、それ以外のことを考えないということです。

私たちの知覚は非常に不器用で、ある一つのことに向いてしまうと、それ以外のことは知覚できなくなってしまいます。たとえば、1枚の風景画を見ているとします。その中の1本の木を見つめると、その周辺はぼやけてしまいます。ある音楽を聴いてボーカルに聴き惚《ほ》れれば、バックの演奏は聞こえなくなってしまいます。何か一つのことを熱中して考え込んでしまうと、他のことは忘れてしまいます。

暗闇の中の懐中電灯を例に取れば、さらにわかりやすいでしょう。照らしたところは見えても、そのまわりは見えない。この、まさに見ているところが「図と地」の図で、見ていなかったところが地です。

この知覚構造は、私たちにとってとても厄介なものです。たとえば、暗闇の中で1枚の絵を懐中電灯で照らし、その一部分ずつを丁寧に照らしながら見ていったとします。すべての部分を照らし終えた時、つまり見終えた時、絵全体を理解することはできるでしょうか。残念ながらできません。

こんな哲学的な内容を書いていることには、理由が2つあります。

一つは報道についてです。今私たちは、マスコミによるテレビやインターネット、新聞や雑誌の報道を通じて、世界情勢や国政、経済や社会における事件を知り、それについて考えます。しかし、それらの報道は、いかに優れているものでも完全ではありません。実際にある事象については正確に報道していますし、まじめな報道ならば、その背景についても言及します。それでも不十分なものです。先ほどの懐中電灯の例えと同じで、一部分を照らしているだけです。

本来なら私たち自身が背景を調査し、考え、吟味する必要があります。でも、報道に対してそこまで真摯《しんし》に向き合っている人は、いったいどれだけいるのでしょうか。ほとんどの人は報道されていることを信用し、その報道にとらわれ、偏向した理解へと流れる人もいます。困ったことに、報道の中にはそれを意図しているものもあります。


もう一つは、現在の私たちの社会構造にあります。

今は、常に何かに注意して生きなくてはならない社会です。目をこらし、耳をそばだて、頭を使い続けて生きなくてはなりません。そして、その見えたものや聞こえた内容、考えたことにとらわれてしまいます。たとえば、一度いじめにあってしまうと、まわりには助けようとしている人たちがいても、すべての人が自分をいじめようとしているという考えにとらわれ、心を閉ざしてしまいます。また、男性との間で一度怖い思いをしたために、男性恐怖症になってしまう女性もいます。まわりにはたくさんの優しい素晴らしい男性がいるにもかかわらず。

かつて私たち人間は動物の一種類として、大らかに自然の中に溶け込んで生きていました。自分を狙うものに対して目をこらしたり、耳を澄ましたりすることはあっても、ふだんは漠然とまわりに溶け込んで生きていたはずです。しかし、進化してしまった人間は、いつもまわりを「図」として切り取り、それにとらわれて生きています。じつはこれが、憎しみや恨《うら》みの要因となり、人種差別や国家間、民族間の抗争の一因となっています。また、心の病《やまい》の原因ともなっています。

でも、私たち人間の中には、まだ、漠然とものを見聞きし、また考え、ものを大きく捉える能力は残っています。

思い出してください。春に満開の桜の花を見て美しさに心が震えた時を。その時あなたは1輪の桜花を見ていたはずはなく、一つひとつの桜花を目で追い感動していたわけでもないはずです。目の中に映ったすべてを一瞬で理解し、そして感動したはずです。

音楽でも同じです。ある歌を聴いている時、私たちはその一つひとつの音にとらわれていません。旋律として全体を一つのまとまり、楽曲として聴いているのです。

このように、私たちは図と地を一瞬で総合的に理解することができます。この総合的認識、漠然的認識と私は呼びますが、これが今を生きる私たちにとって、とても大切です。

自然の中にいても人の中にいても、その中に溶け込み、何かにとらわれることなく、漠然と感じ、考え、そして生きる。すべての動物が自然に行っていることができたら、戦争はなくなり、心の病もなくなるのですが。

「嘘は悪い」だけではない

「悪」について考えてみましょう。

みなさんに聞きたい。人を殺すことは悪ですか。

人を殺すことを善と考える人は、まずいないでしょう。ほとんどの人は悪と答えると思います。仏教の戒律には「不殺生戒《ふせっしょうかい》」がありますし、キリスト教の聖書にも「汝《なんじ》、殺すなかれ」と書かれています。

しかし、私たちのこの社会で人を殺すことを、安易に悪といっていいのでしょうか。もし、人を殺すことが悪であるならば、裁判員裁判で死刑の求刑をする検事も、それを支持する裁判員も、判決を決定する裁判官も、また、死刑の執行を最終的に判断する法務大臣も悪人ということになります。もっといえば、死刑制度自体が悪の制度ということになります。

また、国益や国民の命と財産を守るために戦い、敵を殺傷する軍隊は悪の集団ということになります。私はイスラム原理主義を建前にして多くの人を殺傷しているＩＳは、当然許すことのできない悪の集団と考えていますが、そのＩＳを中東の平和や安定のために殺害している人たちも、悪人ということになります。

さらに、こんなケースを考えてみましょう。

友人がテロリストとなり爆弾を製造し、それをたくさんの人がいる場所で爆発させ多くの人を殺傷しようとしているとします。友人はどんなに説得しても聞き入れてくれず、すぐにも爆発させようとしている。その彼を止めるには殺すしかない。そして、殺してしまった。これは悪でしょうか。彼一人を殺すことで、罪のない多くの命が救われたのですが。

もう一つ、みなさんに聞きたい。嘘をつくことは悪ですか。

人を殺すことと同様に仏教やキリスト教を含めたほとんどの宗教は、「嘘は悪」として禁じています。でも私は、たぶんみなさんも、たくさんの嘘をついたはずです。

私はガンで入院している友人を病院に見舞った時、彼の奥さんから彼が余命数ヵ月だと知らされました。本人には大丈夫だといっているが、もう手の施《ほどこ》しようがないそうです。そこで、病室に入った私は、彼に「手術も無事に終わって、もうすぐ元気になるそうだね。退院したら、うまい鮨《すし》で快気祝いをしよう」と嘘をつきました。彼はうれしそうにある鮨屋の名前を挙げて「お前のおごりでな」と答えてくれました。私も精一杯の笑顔で応えました。彼はしばらくして亡くなりました。

それでは、悪とは何なのでしょう。

もう10年以上前ですが、ある雑誌の対談で当時100歳を超えていた禅宗の僧侶とお話しする機会をいただきました。この老師は足が不自由なため、椅子に掛けての対談となりました。

冒頭に老師は「水谷先生、私は足を組むことや正座ができません。それで椅子に座らせていただいています」といいました。私が「足を傷められたのですか」とお聞きすると、「ご覧になりますか」と着物の裾《すそ》を上げて太股を見せてくださいました。そこには数え切れないぐらいたくさんの黒い点がありました。

「戦争中のことです。僧堂で仏様にお仕えしていたのですが、私にも徴兵を知らせる赤紙が届きました。悩みましたが、どうしても仏様との約束、戒律を破ることができなかった。それで徴兵を拒否しました。その結果、非国民として特高警察につかまり、拷問を受けたのです。この足は千枚通しで刺されました、何度も何度も繰り返し。戦争中はずっと監獄に入れられました。

戦争はむごいものです。仲間の多くの僧侶は、僧侶として人を殺すことは戒律に背《そむ》くことですから、還俗《げんぞく》（出家した人が俗人に戻ること）して戦場に兵士として出陣していきました。亡くなった人たちもたくさんいます。また、数は少ないですが、自ら進んで従軍僧として銃を輪袈裟《わげさ》に変え、戦場で亡くなった兵士を弔《とむら》うために戦場へと向かった僧侶もいます。人を殺すことはありませんでしたが、命を失った僧侶もたくさんいます。

戦後、私のことを仏様の教えを厳しく守ったと褒《ほ》める人たちも多くいました。また、兵士として戦場で戦った僧侶を『破戒僧』（宗教の戒律を破った聖職者のこと）

とまで呼んで批判する人たちもたくさんいました。戦場で人を殺した罪の意識に苛《さいな》まれ、僧堂から去った僧侶もたくさんいます。

でも私は、誰も責めることは間違いだと考えています。戦場で喜んで人を殺した僧侶などいないはずです。みんな、仏様許してくださいと心で唱《とな》えながら、銃を撃ったはずです。無事に戻ってきてからも心に傷を抱え、仏様に謝りながら生きていたはずです。その心があれば、仏様は必ず許してくださいます。

善とか悪とかは、ある行いの結果で決めてはいけないのです。その時のその人の思いの中にあります。

この世に悪人などいないのです。どんな悪い行いをしても、それを悔《く》いる心があれば、もうその人は悪人ではありません。

仏教には『方便』という大切な言葉があります。簡単にいえば、いい目的のためならば、嘘をつくことは悪いことではないという意味です。ある行いを結果ではなく、そこにある思いや目的で善悪を判断する。仏様の大事な教えです」

この話を聞いて、私は深く考えさせられました。

2017年は森友学園の問題や加計《かけ》学園の問題で、政権や一部の官僚の忖度《そんたく》や嘘が問題になりました。この問題に関係するすべての人たちに、この老師の言葉を聞かせたい。そして、いいたい。

「もし、あなた方が何らかの形でかかわって、国民の不利益になる結果を生み出してしまったのならば、どんな思いや目的でそれをしたのか聞きたい。そこに悪《あ》しき心は存在しなかったのか。恥じる心は存在しなかったのか」と。

でもきっと、老師ならこういわれると思います。

「今からでも間に合います。もし、その時に悪しき心があったなら、今からそれを悔い、きちんと真実を語り、償《つぐな》うことです」と。

死後、あの世はあるのか

先日、鎌倉の禅宗の名刹《めいさつ》で若い僧侶を相手に1時間半の講義をしてきました。講義中、一人気になる僧侶がいました。私が話している間中、目を離すことなく必死で私を見ているその姿に、彼の心の迷いを感じました。

講義のあと、「何か私に聞きたいことがありますか」と告げた時に、この僧侶が即座に手を挙げました。「どうぞ」と声をかけると、必死の形相で彼は問いました「水谷先生、あの世はありますか。極楽はありますか。地獄はありますか」と。

この本を読んでいるみなさんは、この問いにどう答えることができますか。

キリスト教やイスラム教などの神を信じる宗教を信仰している人なら、即座に「あります。あなたが神の示した生き方を日々きちんと生きているなら極楽に。それに背いているなら地獄に」と答えることができるでしょうし、また、そう答えないことは自らの信仰を否定することになるでしょう。

仏教に帰依《きえ》する人の中でも、浄土宗系の人ならば「たぶんあります。『南無阿弥陀仏』と唱え、あなたが現世でいい行いをしていれば極楽で往生できます」と答えるでしょう。

それらの宗教を信仰する人に対しては、これでいいのかもしれません。でも、この世の大多数の迷える人々に対して、これは答えになっていません。

現代は科学の時代です。何かを信じるためには、何らかの証明が必要です。

しかし、「信仰には論理や科学は必要ない、ただ信じるだけだ」という人もいるでしょう。そのような人たちはただ信じればいい。それがある意味での宗教の真の姿かもしれません。でも、それでいいのでしょうか。いいのかもしれません。

19世紀半ばにイギリスの数学者として著名だったウィリアム・クリフォードは、この世界を、それだけでなく信仰の世界までも、合理的に科学的にと考え探究しました。そしてクリフォードは「どんな時でもどんな場所でもどんな人にとっても、不十分な証拠に基づいて何かを信じることは間違っている」という定理を提唱しました。確かにこれは、数学や科学の世界では当然の定理です。ある時は1＋1＝2であり、ある時は1＋1＝3。こんなことは数学の十進法の世界ではあり得ず、どんな時でもどんな場所でも誰が考えても、1＋1＝2です。地球上のどこでもいつの時代でも、水は0℃で凍ります。これらは疑いようのない事実であり、そのような原理、原則が科学の原点です。

しかし、この定理を信仰や個人の感情の世界に持ち込むことには、大きな問題があります。たとえば、信仰の世界において、神と出会った人はどれだけいるのでしょうか。天国から帰還し、天国について自分の体験から語れる人はいるのでしょうか。地獄についても同様です。

信仰において大切なことは、神の存在の証拠があるかないか、証明できるかできないかではありません。日々の苦しみや死に対する恐怖はすべての人間が抱えている問題ですが、信仰は救いとして心の安定を与えてくれます。それに対して、科学は何を救いとして与えることができるのでしょう。

信仰の絶対的な象徴である神の存在を信じ、来世を期待する。信じることの中で、その苦しみや恐怖に何とか立ち向かい日々を生きていく。そして、来世ではよりよい復活を遂《と》げることができるように自らを正して清く生きる。これが信仰です。確かにクリフォードのような数学者から見たら、愚《おろ》かな人生かもしれません。しかし、それを責めることが誰にできるのでしょうか。

人間の大切な感情である愛についても同様で、論理や証明は不要です。たとえば、2人の人間が愛し合った時、お互いが愛を確信するために何らかの証明を求めることは、間違いなく愛の本質を汚します。愛に証明を求めたりその根拠を考えてしまったら、そこに本当の愛は残るのでしょうか。

合理的でも科学的でもありませんが、愛は説明するものではなく、心に湧《わ》いてきたもの。信仰と同様で信じるしかありません。それでいいし、それ以上のものではないでしょう。

さて、みなさんはどうしますか。信じる、信じない、疑う。いろいろな道がありま す。私に質問した若い僧侶と同様に、人間がものを考える能力を身につけて以来、多くの人たちが悩んできたことです。

考えてみてください。

みなさんはこの世に誕生させられました。自分で望んで自分の意思で生まれた人は一人もいないはずです。親や生まれ育つ環境を選ぶこともできず誕生し、いずれ必ず訪れる死に向かって生きています。

すべての生きとし生けるものにとって、死は宿命です。逃れることはできません。若い時は日々近づく死など考えることもなく、今だけを楽しく生きることもできるでしょう。しかし、私のように老いて病を患《わずら》えば、死が身近なものとなります。夜を迎えるたびに近づく死の影に怯え、でも諦め、それでも苦しむことになります。

みなさんにお願いがあります。

今夜眠る時に顔に白い布をかけ、胸の上で手を組み、自分の存在がなくなったあと、つまり死んだあとのことを考えてください。

みなさんの意識や存在がなくなったあともこの世界は無限に続きます。その中で時は流れ、いずれ、みなさんが存在した事実そのものが忘れ去られ消えていきます。こんな状態に耐えることができますか。でも、耐えなくてはならないのです、真実だから。この逃げることのできない苦しみや恐怖を原点として、宗教が始まりました。


世界や存在について科学的に考えても、無から何かが生まれるわけはなく、無から命が生まれるわけはありません。私たちの世界の前に何らかの存在があるわけですし、何らかの力が命を作ったはずです。でも、それはきっと私たちの科学の彼方《かなた》にある何かだろうと考えることはおかしいでしょうか。

科学において、原因がなければ結果はない。この世界や命の成立の原因は何なのか。まさにそこに宗教の意味があると私は考えます。

また、私たちの体はすさまじい数の原子によって作られています。でも、その原子を科学的に作り出し、たとえば、私の体の構成と同じように組み立てたところで、私という命はそこには存在しません。

では、何が分子をこのように結びつけ、私を命ある存在として生かしてくれているのか。そこに、私たち人間の存在を越えた「大いなる力」の存在を認めること。これはおかしいでしょうか。

私は冒頭の僧侶に、こう答えました。

「あの世が、極楽や地獄が、あるかないかは、私にはわかりません。死んでみなければわからない。あると信じている人は、あったなら大喜びだろうし、なければ何も感じることはできない。それだけのことです。

ただし、あなたが滅びるのかということならば、それはありません。あなたが亡くなって遺体が荼毘《だび》に付される。そこから生まれた灰が宙を舞い、そして地に落ちます。その地で生きる生きとし生けるものの糧《かて》となって、次なる命を生み出す。思えば、あなたの体には、この宇宙が始まって以来の限りなく去っていった命が宿っています。無限に続くこの世界の流れの中で、あなたもその一つの時、その命をつなぐ刹那《せつな》の役割を担っているのです」

もし、神が存在するのなら……

みなさんは、「神」とは何か、きちんと理解していますか。

「神」はキリスト教の神も、イスラム教の神も日本の神道の神も、私たちとはまったく別の存在です。私たちが今生きるこの世界の「創造主」、この世界を創り、そして、思うように動かしている全知全能の存在です。だからこそ、神の国、言い換えれば極楽に行くために、自ら命を捨てる人たちさえいます。

このところの一部の過激なイスラム教徒の「ジハード」（防衛のための戦い）で、自ら爆弾を身につけ、それを爆発させて多くの人の命を奪う行為も、そのような神の存在を信じることが根底にあります。

じつは私も昔、この神を信じたことがあります。キリスト教の神でした。

1970年代の中頃、私は学生運動に身を投じていました。日本を弱肉強食の資本主義ではなく、すべての人が平等な社会主義の国にすることで、資本家の搾取《さくしゅ》を押さえ、貧しさの中で苦しむ人たちの幸せを作りたい。こんな一途な思いから始まりました。しかし、学生運動は崩壊し、何人もの仲間たちがその失意の中、自ら命を絶ちました。

そんな中、私は神にすがりました。全知全能の神に日々助けを求めました。今の苦しみを捨てて、生きている今を捨てて、死後の人生に賭けました。神の僕《しもべ》、神父になろうと真剣に考えたこともあります。でも、できませんでした。

神は全知全能の存在であるはずです。でも、そんな全知全能の神が創ったこの世界で、数多くの子どもたちが飢えで命を失い、罪のない多くの人たちが争いの銃火の下で命を奪われています。神は存在するのでしょうか。

みなさんに聞きたい。

みなさんが神だったなら、あどけない子どもたちが飢えで苦しみ、命を失い、戦乱の銃火の中で命を絶たれるような世界を創りますか。

私はドイツで学んでいる時に、一人の教授に出会いました。神父の彼に、私は問いました。「神が存在し、全知全能ならば、なぜ、このような悲惨な社会を創ったのでしょうか」と。その時、彼はこう答えました。「アダムとイブが罪を犯しエデンの園を追い出されて以来、人間は贖罪《しょくざい》の人生を生きています。人がその罪に気づく時、神は人を救ってくださる。今は人間が神から試練を与えられている時なのです」と。この答えに私はまったく納得できませんでした。最後に私はこんな言葉を放っていました。「神は最も残酷な存在です。この世界をどのようにすることもできるのに、何もなすことなく、哀しみを傍観している。もしもあの世が存在し神のそばに行くことがあれば、私は神を許しません。必ず殺してやる」このひと言で私は大学を去り、ドイツでの住む家も失いました。

でも、多くの知り合いが私を助けてくれました。その背景には、私と同じように考える人たちが多かったからです。

ヨーロッパでは第1次世界大戦と第2次世界大戦による殺し合いによって、多くの命が失われました。しかも、キリスト教徒同士による戦いです。

第2次世界大戦後は、多くの人たちがキリスト教の信仰に関して疑問を持ちました。神が存在するならば、なぜ、その神を信じる神の子どもたち同士を争わせ、殺し合いをさせるのかと。これがヨーロッパでのキリスト教の衰退の主因になりました。そんな疑問を抱えた人たちが私を支えてくれたのです。


私がキリスト教の神から離れたのは、たぶん私が日本人だったからです。日本人にとっての神は、キリスト教の神とはだいぶ異なります。

日本人のおそらくほとんどが、「古事記」にあるイザナギ、イザナミノミコトによる日本の創造を信じていません。日本では、神はその地、その地に宿る八百万《やおよろず》の存在です。来世や極楽を語るものではなく、今を生きる私たちを守る存在として、その地の共同体の拠りどころでした。ただし、明治政府以降、第2次世界大戦終了までの大日本帝国は、まったく違う形で神道を悪用しましたが。

じつは日本人は、他の国の神を信じる人たちに対する理解が薄い民族です。日本の神々は、われわれの祖先がその地その地で創った曖昧《あいまい》なものです。現世である今をあまり助けてくれませんし、あの世の面倒などはまず見てくれません。でも、その地に生きる人々の心の中にしっかりと息づいていて拠りどころになっている、そんな存在です。私はそれが、これからの世界にとってとても大切なことだと考えています。

あえてキリスト教徒に、そしてイスラム教徒に聞きたい。

みなさんの信じる神が存在するならば、なぜ、その神を信じる罪もない人たちが、日々命を奪われていくのかと。意味もない戦争を全知全能の神が許すのかと。そんな無責任な神のために、なぜ命を捧《ささ》げるのかと。

特に、ジハードを行う多くの人たちに問いたい。あなたの死が神を喜ばせるのかと。そうだとしたら、神ほど無慈悲で残酷な存在はないのではないかと。

最後に、神に対してあえていいたい。

「神よ、あなたが存在するなら、姿を現してその意思を、過去の人々の言葉ではなくあなたの今の言葉と行いで、今を苦しむ人たちに示してください」と。

いじめを考える

差別と区別の混同

　みなさんは日本で、今でも多くの差別が存在することに気づいていますか。男女差別、同和問題、在日朝鮮人差別、障がい者差別など数えればきりがありません。私は高等学校の教員時代から、この問題に取り組んできました。

　差別問題を考える時に大切なことがあります。それは「差別」と「区別」を分けて考えることです。これを混同すると大変なことになります。

　高等学校の教員時代の同僚に、差別問題に対して熱心に取り組んだ女性教員がいました。この教員はある時職員会議で、「男女の名簿を分けること、男子と女子のトイレを分けること、体育祭において男女の競技を分けることは、男女差別であり、やめるべきだ」という提案をしました。私はこの時、「男子と女子は体形や体力などに生来《せいらい》の違いがある。それを分けることは差別ではなく区別であり、これは必要なことだ」と反論しました。

オリンピックにおいても、パラリンピックそのものの存在が障がい者差別であり、装具をつけた競技者も、陸上などではオリンピックに参加する権利を保障すべきだという議論がありました。

私はこれも必要な区別だと考えます。人間は百人百様です。それを区別なしにひと塊《かたまり》にして扱うことは、これこそが人権を無視した暴挙だと考えます。

この差別問題は、私が教員になった約40年前と比べれば、日本では相当改善されました。男性の聖域とされた職場にも女性の採用が増えていますし、政治の世界でも女性の活躍が目立っています。同和問題に対しても、同和地域の貧困問題は今も解決できてはいませんが、多くの国民がその不条理に気づき、ある程度の融和は進んでいます。障がい者の雇用に関しては企業や公的施設で、未だ不十分ではありますが、広がってきています。

しかし、在日朝鮮人の差別問題については……。「朝鮮半島に帰れ」などのヘイトスピーチ、朝鮮人学校の生徒たちに対する嫌がらせなど、人権を無視した哀しい暴挙が続いています。

私は古くからたくさんの在日朝鮮人の人たち、若者たちとともに生きてきました。韓国、北朝鮮、それぞれの国籍を持つ人たちのことです。

かつてこんなことがありました。中部地方のある都市の河川敷に北朝鮮出身の人たちの集落があります。当然ですが、河川敷は法的に居住することは認められていません。戦後の混乱期に土地を持たない北朝鮮出身の在日の方々が、生きる場として建てたものです。市と県、国は超法規的にこれらの建物を小屋として認定し、強制撤去はせずに時が流れました。

小屋としての認定ですから、トイレや風呂の設置は認められません。風呂は銭湯に行くことができますから何とかなりますが、トイレはそうはいきません。そこで、川の上に足場を組み、そこに板を渡してトイレとしていました。ところが、ある台風の時にそのトイレを使っていた高校生が、トイレごと川に流され亡くなりました。これが問題となり、私たちは市や県の議員を通じて陳情し、集落近くの河川敷に共同トイレを設置してもらったのです。この完成を祝って、集落と支援者たちとの食事会を開きました。その時、あるおじいさんからいわれました。

「水谷先生、1910年の日韓併合によって朝鮮半島が日本の領土となってから1945年の太平洋戦争終戦までの35年間、日本国民としてたくさんの仲間たちが日本に移住しました。強制的に移住させられた仲間たちもたくさんいます。数多くの差別や関東大震災の混乱の中での虐殺《ぎゃくさつ》を生き延び、日本で働き生きてきました。朝鮮半島への帰還事業で故郷に戻った仲間たちもたくさんいます。

でも、多くの在日朝鮮人にとって、朝鮮半島の日本による支配の35年間は長すぎました。私もそうですが、日本語しか話すことができず、本国の家族や親類も朝鮮戦争などの混乱で亡くなり、多くの在日朝鮮人にとって日本だけが故郷になってしまいました。差別に苦しみながらも、日本で働き税金を納めて生きてきました。

先生、私たちは日本人にはなれないのですか。いつまで、この差別で苦しまなくてはならないのですか」

私は答えました。

「私は、日本国民とは日本に住み、生活し、働き、納税の義務を果たしている人だと考えています。当然、みなさんも日本国民です。ただし、日本は法律で二重国籍を認めていません。みなさんにはそれぞれの思いがあることはわかります。でも、韓国や北朝鮮の国籍を捨てて日本国籍を取得してほしい。そのうえで、在日朝鮮人問題の解決に向けて戦うことは、この問題の解決に、より早い道筋をつけることができるでしょう」

この答えは多くの人たちから非難されました。「水谷先生だから、聞かなかったことにするが、私たちのアイデンティティーを捨てさせるのか」「そんな形で日本の中に組み込まされ、今まで受けてきた差別を忘れろというのか」などと厳しい声が飛び交いました。

私は「残念ながら、今の私にはそこからしか、解決の糸口が見えないのです」と繰り返すしかありませんでした。

北朝鮮の金正恩《キムジョンウン》朝鮮労働党委員長による核開発や実験、長距離弾道ミサイルの発射という暴挙の中で、日本各地で在日朝鮮人の人たちへの嫌がらせや暴力が続いています。哀しいことです。

また、これらの嫌がらせや暴力を繰り返す人たちの中には、「日本は日本民族の国家だ」という、民族国家思想を見ることができます。そんな人たちにいいたい。「もし、日本民族ではない在日朝鮮人の人たちに差別や排斥をするのなら、同じように日本民族ではない人たち、企業のトップとして働き多くの給与を企業から得ている多くの欧米諸国の人たちに対しても、同じことをしなさい」と。

この国でほぼ1世紀の間、数多くの差別に苦しみながら必死に働き、子どもたちを育て生きてきた在日朝鮮人の人たち。彼らこそ私たちの仲間、同じ日本人として守られなくてはならない人たちだと、私は考えます。

「いじめの公式定義」について

いじめと体罰が原因で、仙台市に住む一人の中学生が自ら命を絶ちました。哀しいことです。仙台市ではこの3年間で3人の中学生が自死しています。

そこで、日本の教育界は、なぜいじめ問題を解決できないのか。どうしたら解決することができるのかを考えていきます。

2007年1月、当時の第1次安倍晋三内閣の下で、文部科学省はいじめに対する定義を見直しました。これを基に2013年にも見直しが行われ、現在も政府によるいじめの公式の定義とされています。それは、

「『いじめ』とは、『児童生徒に対して、当該児童生徒が在籍する学校に在籍している等当該児童生徒と一定の人的関係のある他の児童生徒が行う心理的又は物理的な影響を与える行為（インターネットを通じて行われるものも含む。）であって、当該行為

の対象となった児童生徒が心身の苦痛を感じているもの。』とする。なお、起こった場所は学校の内外を問わない」

一見すると明確な定義に思えますが、じつはまったく意味不明の定義です。それどころか、こんなに人を馬鹿にした定義は存在しないでしょう。

具体的に一つひとつ見ていきましょう。

まずは、「心理的な影響を与える行為」です。これは、具体的に何を、どんな状況を指しているのでしょうか。誰かに「死ね」「学校にくるな」「ここにいるな」などという、あるいは、ネットに実名を出して書き込むことは、いわれた子どもにとって、確かに重大な「心理的な影響を与える行為」になるでしょう。でも、これはいじめというより立派な犯罪です。こうした行為によって逮捕された子どもたちもいます。

しかし、たとえば、シカトといわれる無視、悪口や陰口をいう。これはどうなのでしょうか。いじめにあたる「心理的な影響を与える行為」なのでしょうか。私たち大人の社会でも、これは日常的に存在することです。みなさんも誰かを無視したことはあるでしょうし、誰かの悪口や陰口をいったことはあるはずです。私もあります。これは倫理的、道徳的には重大な問題がありますが、いじめなのでしょうか。

人には、好き嫌いがあります。悪口や陰口はあまりよい行為とは思いませんが、誰かを無視する権利は、大人だけでなく子どもたちにもあるはずです。これまでいじめにされてしまったら、まず日本では、よほどの聖人でない限り、いじめをしている人となってしまうでしょう。文科省のこの定義では、これが不十分でよくわかりません。

次に「物理的な影響を与える行為」です。これもわけがわかりません。誰かを殴ったり蹴ったりして怪我を負わせることを意味するのでしょうか。でも、これは立派な傷害罪、刑法犯です。子どもであっても、警察による捜査の上で家庭裁判所での審理を経て、その罪を償《つぐな》い、少年鑑別所や少年院などの施設で矯正《きょうせい》のための教育を受けることとなります。お金や物を奪うことでしょうか。これも窃盗や強盗、あるいは、恐喝罪となる立派な犯罪です。それでは、体をぶつけたり叩いたりすることでしょうか。これも一般社会で行えば、立派な犯罪です。

最後に、この定義における一番問題な部分を指摘します。それは、「当該児童生徒と一定の人的関係のある他の児童生徒」という部分です。この「一定の人的関係のある」というのは、学校の同じクラスや部活に所属するという意味です。町で私が見知らぬ人に「死ね」といったり、殴って怪我をさせれば、それはいじめではなく犯罪です。警察によって逮捕され、取り調べを受け、裁判所で裁《さば》かれ、刑務所で罪を償うことになります。でも、この犯罪が、一定の人的関係が自分と相手の間にある場合は犯罪ではなくなり、いじめになってしまうのでしょうか。これはおかしい。「一定の人的関係」どころか親子の間のことだったとしても、このような行為をすることは、犯罪として裁かれます。

私はこの文科省の定義を読み解いて、その中に、人権を守る機関である法務省や犯罪に対処する機関である警察庁を、このいじめ問題に関与させたくないという文科省の意図を見ます。学校という聖域には自分たち以外誰も入れないという傲慢《ごうまん》さを感じます。こう感じるのは私だけでしょうか。

じつは、いじめとして私たちの前に現れてきた事件のほとんどは、いじめというより犯罪なのです。それを学校も、学校関係者や教育委員会、果ては文科省も認めたくない。なぜなら、学校現場に他機関を介入させたくないから。

これが、日本からいじめをなくすことができない最も大きな原因だと、私は考えています。

いじめと幸福権

学校におけるいじめとは何なのでしょうか。私の「いじめの定義」を書きます。それは、

「学校において意図的に、ある児童生徒に対して精神的苦痛を与えること」です。

具体的な例を挙げれば、ある児童生徒が気に入らないからという理由で机や上履き、ノートや鞄《かばん》を隠したり、あるいは、その児童生徒の展示作品や名札に落書きしたりする。また、思いつきではなく、その児童生徒を精神的に追い込み苦しめようとする意図を持ってシカト、つまり無視をしたり、ひどい情報を他の生徒に流す行為です。いじめとは、これ以上もこれ以下もなく、まさにここまでの行為を意味するものです。

教員は日々、このような事態が起きないように、子どもたちに対して指導を続けています。また、いったんこのような事態が起きた場合は、その仲裁に入ります。自分

のしたことに対してきちんと謝罪させ、健全な仲間関係が再構築できるように動きます。親にもきちんと報告をし、加害者の親から被害者の親に対して、きちんと謝罪してもらいます。

日本国憲法は、国民主権、平和主義、基本的人権の尊重を3本の柱としています。基本的人権の尊重は、大人から子どもまでを含めたすべての国民に保証されている権利です。具体的には、どのようなことなのでしょうか。こう説明すればよいでしょう。

「大人も子どももすべての国民は、誰からも何かを強いられることなく、命、財産、名誉を国によって守られながら、自分の意思によって自分の人生を歩むことができる」

もっと簡単にいえば、「すべての国民は、大人であれ子どもであれ、平和で安全な環境や社会の中で、幸せに生きる権利、すなわち幸福権を持っている」ということになるでしょう。

それでは、人権侵害というのは、どのような行為のことをいうのでしょうか。この問題を扱う法務省は「特定の者の人権を違法に侵害する行為」と規定しています。学校においてある児童生徒が他の児童生徒に対して、暴力を振るう、金品を要求する、「死ね」や「学校にくるな」と脅《おど》す。これらは間違いなく人権侵害にあたります。

法務省はこの人権侵害の規定の中に、虐待《ぎゃくたい》などとともに、いじめをきちんと入れています。しかし、この国の多くの教育専門家や学校関係者は、それを理解していません。いじめという行為が、他者の幸福権を奪う重大な人権侵害であると捉えている人がいないのです。その証拠に、これまでの日本の学校におけるいじめに関する事案で、学校や教育委員会が、法務省の人権擁護局に相談や報告を自らしたことは皆無ですし、いじめの事案に人権擁護局が介入した事例も、いじめの発生件数から見れば微々たるものです。

かつて大津市で起こったいじめによる中学2年生の自死事件で、この中学校の生徒たちのアンケート調査に書かれたいじめの内容は「はちまきで首を絞めた」「トイレで殴ったり蹴ったりしていた」「万引きしてくるようにいっていた」「お金を取っていた」などと大変具体的です。子どもたちがたくさん答えてくれた中から、いくつかをピックアップしてみました。

どうですか。これを私が今、町に出て誰かに対してやったらどうなるのでしょう。明らかです。警察に逮捕され、犯罪者として裁かれることとなります。でも、学校という一定の人的関係があれば、犯罪にはならず、いじめになるのでしょうか。これらのことは、いじめではなく犯罪です。

犯罪には、それを知った人に対しての告知義務があります。犯罪の事実を知りながら警察に通報しないことは、それ自体が犯罪です。また、罪を犯した者を警察に通報せずに匿《かくま》えば、犯人隠匿《いんとく》の罪にも問われます。極端な例ですが、あなたと友人がお酒を飲んだ帰り道で人とぶつかり、喧嘩《けんか》になったとします。友人が相手を殴って死なせてしまった。それを警察に通報せず友人を守ったらあなたはどうなるでしょう。まず間違いなく逮捕されることになります。

大津の事件でも、この生徒たちのアンケートがすべて真実であるなら、アンケートの内容を知りながら警察に通報しなかった教員、校長、教育長、教育委員会の職員は、すべて逮捕されてもおかしくない事案です。

また、いじめで児童生徒が自死した今までのケースで、疑問に思うことがあります。それは、その学校の校長や関係教員が、ほとんどのケースで処分されていないことです。世の中で最も安全であるべき学校という場所で、いじめという行為が起こり、尊《とうと》い命が失われたのならば、その学校関係者はその子を守ることができなかったこと、安全な学校を作ることができなかったことについて、重い責任があります。

さらに、いじめによる自死のいくつかのケースでは、学校によるいじめの事実の隠蔽《いんぺい》までが行われています。これは、その学校の子どもたちの心をさらに傷つけ、教員や大人への子どもたちからの信頼が損なわれる大変な犯罪です。こんなことをした教員と管理職はもちろんのこと、それをもしも知っていたならば、教育委員会の幹部は、自ら辞職すべきでしょう。教育に対する信頼を国民から損なう、最も重大な犯罪です。

文科省にお願いがあります。いじめに対する定義を早急に見直してください。いじめと人権侵害、刑事及び民事にかかわる犯罪とをきちんと区別し、それぞれに対する学校としての対処法をきちんと示してほしいと考えています。

そして、決して文科省の中でいじめの問題を解決しようとしないことが大事です。これができなかったことは、いじめ問題がまったく解決できていないという歴史が証明しています。

法務省や警察庁、内閣府との連携において、いじめに学校現場がどう対応すべきかを速やかに明示してほしいと考えています。これが実現すれば、日本の学校からいじめは激減すると確信しています。

体罰や虐待と法の矛盾

私は「体罰」と「虐待」という2つの言葉が、大嫌いです。これらの言葉は、私たちの国からなくすべきです。この2つの言葉のせいで、日本では多くの子どもたちの命が奪われました。このままでは、これからも多くの命が奪われます。この背景には、日本の学校や家庭を、一般の社会とは区別して考える体質があります。じつはそれは、刑法とは大きな矛盾《むじゅん》と不整合性を含んでいるにもかかわらずです。

2017年8月、ジャズトランペッターとして世界的に著名な日野皓正さんが、公開の場で中学生を殴る事件が起きました。原因は、その中学生が事前の打ち合わせ通りに演奏しなかったことだと報道されています。そして、指導者からの子どもへの「体罰」として批判されました。

でも、これはおかしい。道で私が見知らぬ人に往復ビンタをしたら、それは傷害罪です。すぐに警察に通報され、私は逮捕されることになります。

指導者が、あるいは教員が、その指導の中で子どもたちに暴力を振るうことは「体罰」。そして、刑法では裁かれず、私が道で見知らぬ人に暴力を振るえば「暴行罪」として警察に逮捕され、刑法で裁かれることになる。これは日本の刑法の矛盾です。「暴行罪」は親告罪（告訴がなければ公訴を起こすことができない犯罪のこと）ではありません。ましてや今回は、日野さんのその暴行のすべては映像として公開されているのですから、速やかに警察は日野さんを逮捕すべきです。なぜ、それをしないのでしょうか。

私はここに、教育の場に対する司法の矛盾を見ます。一般社会では犯罪にあたる行為が、学校や教育の現場では「体罰」として司法の支配から除外されるという矛盾です。日野さんは速やかに自首すべきです。彼の演奏を愛した人間だからこそいいたい。自首して罪を償ってほしい。

日野さんにお聞きしたい。どんな理由があろうと、あなたが往復ビンタをされたら、あなたはどうするのかと。あなたの心にどれだけの傷痕《きずあと》が残るのかと。許せない暴挙です。

また、子どもたちに対する親からの虐待事件が続いています。哀しいことに、命を奪われる事件まで発生しています。私のところにも、数多くの「虐待」を受けている子どもたちからの相談が、途切れることなく続いています。

この「児童虐待」について、厚生労働省は4つに分類して定義しています。

1つ目は「身体的虐待」、つまり、殴る、蹴る、閉じ込めるなどを指します。2つ目は「性的虐待」、子どもへの性的行為や性的行為を見せること、子どもの裸を撮影することなどを指します。3つ目は「ネグレクト」(育児放棄)、食事を与えない、風呂に入れない、不潔にする、自動車に取り残す、病気になっても病院に連れていかないなどを指します。4つ目は「心理的虐待」、言葉による脅し、無視、兄弟間での差別、子どもの目の前での家族に対する暴力(ドメスティックバイオレンス：DV)などを指します。あなたはこれらのどれかを、子どもに対してしてしまったことがありませんか。

私は、この厚労省の「虐待」の定義は根本的に間違いで、それが、「虐待」をこの国から減らすことができなくなっている理由の一つだと考えています。

考えてみてください。自分の子どもに対してではなく、他人の子どもに対して、この厚労省の定義のうちの2つ、「身体的虐待」や「性的虐待」をしたらどうなりますか。すぐに、警察に逮捕され、そして司法の場で厳しく裁かれることとなります。私はここに、家庭や親子関係に対する司法の矛盾を見ます。一般社会では、立派な犯罪にあたる行為が、家庭では「虐待」として、一般の犯罪とは違う形で、処分されるという矛盾です。

私は日本で最も子どもたちの人権が無視されているのは、学校と家庭だと考えています。学校で教員が子どもたちに使っている言葉や命じていることを、一般社会で他者に対して、それと同じことをして許されるでしょうか。また、家庭で親が子どもに対して使う言葉や命じていること、これも一般社会で他者に対して、それと同じことをして許されるでしょうか。

基本的人権の尊重の基本的な考え方において、学校では生徒は生徒である前に、教員と対等な人格を持った対等な存在です。また、家庭でも子どもはわが子である以前に、親と対等な人格を持った対等な存在です。これを多くの教員や親たちはわかっていません。親や教員だけでなく、日本の政治家も官僚も同様です。

そして、学校や家庭は、閉鎖された特別な場所として扱い、その中での暴力行為等に、警察や司法が介入しずらい状況となっています。これは重大な憲法違反ですし、子どもたちの基本的人権を損なう大きな問題です。

私は、子どもたちに対する大人たちのこの傲慢な意識を変えていかない限り、この国から「体罰」や「虐待」はなくならないと考えています。

貧しさを憐れむなかれ

先日、愛知県豊橋市で、ある大学院生と出会いました。

彼は沖縄出身、家族はお母さんと兄、妹の4人です。彼が小学5年生の時に両親は離婚し、その後は那覇市内の食堂で働くお母さんに育ててもらったそうです。兄妹3人とも高校入学後はアルバイトをして高校の授業料を払い、また、大学進学のためのお金を貯めたそうです。

そして、3人とも本土の大学に進学しました。お兄さんは大学院を終了し、前年から神奈川県の県立高校で教員を始めたそうです。このお兄さんは6年かけて大学を卒業し、3年かけて大学院を終了しました。その理由は、お母さんに迷惑をかけないために2~3年に一度は休学し、大手の自動車工場で7ヵ月にわたり期間労働者として働き、授業料や生活費を稼いでいたためです。彼も大学卒業後は大学院に入学だけして、すぐに休学。今は豊橋の自動車工場で期間労働者として働きながら、大学院終了までに必要なお金を貯めているとのことでした。妹さんも将来教員になることを目指して、仙台でアルバイトをしながら大学生活を続けているそうです。

そんな彼が私の講演会にきてくれました。そして、講演後の私に話しかけてくれたのです。彼の真剣なまなざしに惹《ひ》かれ、喫茶店で話を聞きました。彼はいいました。

「水谷先生は、以前に大学の入学金や授業料について書いていましたね。教育はビジネスになってはいけない、この国の明日のための投資のはずだと。私もそう思います。沖縄では、多くの高校生たちが大学進学を諦めています。入学金や授業料を親に負担してもらうことのできない家庭が多いですし、奨学金を借りても返す自信がないからです。

もし、先生の主張を政府が理解し、せめて国公立大学だけでも、入学金や授業料が無償とはいわないまでも安くなれば、沖縄の高校生たちはもとより、多くの日本のまじめな高校生たちが救われると思います。

ただ、先生にいいたいことがあります。兄も私も6年かけて大学を卒業しました。ともに、2度にわたり休学して働いたからです。でも、その2年間は、兄にとっても私にとっても、とても素晴らしいものでした。7〜8ヵ月にわたり、工場で一日3交代、8時間働きます。仕事は単純できついですが、いろいろな環境の人たちとの出会いがありました。収入は多く、仕事のない時間は寮の部屋で集中して勉強もできました。兄は大学院での勉強も役に立ってはいるけれど、工場で働いた経験が、一人の教員として生徒たちを教えていく大きな糧《かて》だと話していました。私もそう思います。

子どもたちの間に貧困が進んでいるから、政府はその解決にあたらなくてはならないと語ることの意味はわかります。でも日本は、私たち兄弟のような貧しい家庭の子どもでも、努力をすれば大学にもいける国です。そして、その努力が、人生の中でかけがえのない経験となります。

きっと、先生はそうではないと思いますが、恵まれた環境の人たちの多くは、貧困は悪だと考えています。そして、貧しい人たちをかわいそうだと憐《あわ》れむ。これが、じつは貧困でも何とか生きている人たちにとって、どんなにむごいかもわからずに。

私たち兄弟はつらい時、先生の本にたくさん助けてもらいました。尊敬する夜回り先生にはそんなふうに考えてほしくない、そう伝えたくて、今日はきました」

私は彼の言葉に圧倒されました。確かに彼のいう通りです。貧しい人を憐れむ心には、自分は違うという差別の心が存在します。貧しい子どもたちを助けなくては、という思いの中にも。

私も貧しい少年時代を山形で過ごしました。白い米は、年に何回かのハレの日しか食べることができませんでした。いつもは2割ほど麦が入ったご飯です。それも三食は食べることができません。朝は小麦粉の「すいとん」が常食で、ケーキもおやつも食べたことなどありません。いつもお腹をすかせていました。服はつぎはぎだらけ。どこかに旅行することなどできません。

でも、それが恥ずかしいと思ったことはありませんでした。私を大切にしてくれる祖父母と、冬になれば雪が吹き込むあばら屋で、幸せに生きていました。

幼い頃はいじめにもあいました。そんな私にとって、学校は最高の場でした。一生懸命勉強してよい点数を取れば、どんなに貧しい私でもみんなから認めてもらえます。ただひたすら勉強しました。それが今の私を作りました。

そんな私ですから、彼のいうことは痛いほどわかりました。彼に話しました。「君のいうことはすべて正しいと思います。貧しさは悪ではないし、その人が一時的に置かれている状況に過ぎない。まじめに努力することでそこを抜け出し、努力に見合う新しい世界を拓《ひら》くことができれば。

ただし、この国が階層的な社会構造になってしまい、貧富の差が固定化し、世界の中の他の国のように、貧しさの連鎖が世代を超えて続いていかないようにしなくてはならない。

今はまだ、君たち兄弟のように努力が報《むく》われる余裕が日本にはあるけれども、そこにいくまでにいじめにあったり挫折させられたりして、明日を奪われてしまう子どもたちも存在します。私はそんな子どもたちが一人もこの国に存在しないようにするために、これからも発言し続けていきます」

駅で笑顔で別れたあと、彼の背中を見送りながら自分自身に問いました「私は正しいのか」と。重い気持ちを抱えた一日でした。

心の問題と教育の現状

「夜回り先生」と呼ばれて

私は26年前に横浜市の夜間定時制高校に勤務して以来、「夜回り」を繰り返してきました。私の「夜回り」は、夜11時頃から午前3時過ぎまで夜の繁華街をパトロールして回り、たむろする子どもたちを帰宅させ、あるいは、補導します。薬物の売人等がいれば警察に通報します。これをかつては毎日、今は週末、その夜を過ごす日本各地の都市部で行ってきました。

勤務する夜間定時制高校の生徒の問題行動だけでなく、夜回りで知り合った様々な問題行動を起こす子どもたちに対処してきました。それらの問題行動とは万引き・窃盗・強盗、殺人から性非行・性犯罪、薬物乱用まで多岐に及びました。私は夜の町で非行や犯罪を繰り返す子どもたちを「夜眠らない子どもたち」と呼んでいます。この26年、彼らが私の最も主要な生徒でした。

しかし17年前、私はリストカットを繰り返す一人の高校2年生の少女とかかわりました。

私は、心の問題を抱え、夜眠ることができなくなっている子どもたちを「夜眠れない子どもたち」と呼びます。その子どもたちのためにメールアドレスを公開しました。

私の元に届いた相談メールのほとんどには、昼の世界である家庭や学校で自己の存在を否定されて苦しみ、その中で非行や犯罪、あるいはリストカットなどの自傷、自殺願望へと追いやられている子どもたちの心の叫びが刻まれていました。それら一つひとつのメールに答えるべく、あるケースは学校の先生への相談でつなぎ、あるケースは心療内科に、あるケースは精神科に、またあるケースは児童相談所につないでいく日々でした。

私たちの社会は病んでいます。１９９１年秋にバブル経済が破綻《はたん》し、その後25年以上続く景気の後退、多くの企業がその生産拠点をより賃金の安い海外へと移転したことによる産業構造の空洞化、金融資本主義の急速な展開での富の一極化、つまり貧富の格差の拡大と貧しい層の固定化。これらによって、かつて日本を支えてきた分厚い中流層が崩壊しつつあります。

そのような中、仕事でいらいらした父親は、そのいらいらを愛する家族にぶつけ、たくさんの家庭が崩壊しつつあります。そして、いらいらは最も弱い子どもたちのところに集約されています。

子どもを持つみなさんに聞きたい。みなさんは自分の子どもを褒《ほ》めた数と叱った数、どちらが多いですか。子どもたちに自分のいらいらをぶつけたことがありませんか。反省することがたくさんあるはずです。

攻撃的といえる社会の中で、子どもたちは学校や家庭で日々批判され、自己肯定感や自信を失っています。そんな中でも、まだ生きる力を持っている子どもたちは、夜の町に出ます。彼らを評価せず否定する昼の世界に背を向けて、夜の町でたむろし非行集団として大人たちに対峙《たいじ》してきます。

その一方で、このような子どもたちよりはるかに多くの優しい子どもたちは、自分を責めます。「私が悪いから」「私なんかいないほうがいいんだ」と、すべての問題を自分で抱え込み、その重圧の中で夜眠れず、暗い部屋の中で一人苦しみ、リストカットなどの自傷行為で自分を傷つけ、あるいは市販薬や処方薬の過剰摂取（オーバードーズ：ＯＤ）をして何とか生き抜いています。

この問題にきちんと取り組むまで私は、リストカットなどの自傷行為は自殺願望の一つだと考えていました。

しかし、今は違います。子どもたちは生きるために切っているということに気づきました。親からの虐待《ぎゃくたい》や心ない扱い、学校でのいじめや人間関係のいざこざなどで心がいっぱいいっぱいになった子どもが、リストカットなどでその心に溜まり込んだものを吐き出しているのです。心の叫びの表現の一つといえます。

みなさんは日本に何人のリストカッターがいるか、想像がつきますか。私たち専門家は少なくても１００万人以上と推定しています。ある統計調査では「10代後半から20代前半の子どもたちの7パーセントがリストカットしている」という報告もあります。今や日本で、リストカットする生徒や学生のいない中学校、高等学校、大学は存在しません。それどころか、一部の地域では小学校高学年にまで広がってきていています。私はこの問題が、これからさらに大きな問題になると確信しています。

夜の街でたたずむ若者たちや、非行、犯罪を繰り返す若者たち。暗い部屋で明日を見失い、自らを傷つけ死へと向かう多くの子どもたち。彼らに共通することは自己肯定感の希薄さです。いかにしたら、彼ら自身が大切な存在であるか、そして明日を持つ身であるかを自覚させられるか。その対策は、私たち大人に求められています。

居場所のない子どもたちが急増

気づいてますか、子どもたちの心の叫び。

今、日本の子どもたちが苦しんでいます。いじめ、不登校、引きこもり、リストカットなどの自傷行為、自殺、非行、援助交際、薬物乱用……。

私の元には、日本中の数え切れないほどの子どもたちから、日々相談の電話やメールが届きます。その数はすでに93万件を超え、かかわった子どもたちの数は43万人を超えています。そして、哀しいことに、私がメールでの相談を始めてから14年で、かかわった11名の子どもたちが殺人の罪を犯し、233名が自死、病死、事故死、ドラッグによって命を奪われました。この数字は親や友人たちからの連絡で確認できているだけの数です。本当はもっと多くの子どもたちが亡くなっているはずです。

まずは夜、町に出て、まわりの子どもたちを見渡してください。また、夜、家で自分の子どもたちの様子をじっと見つめてください。目を輝かせ足取りも軽く、明日に向かって生きている子どもたちであふれていますか。みなさんのお子さんは、明るく朗《ほが》らかに過ごしていますか。

今、日本の10代の子どもたちの2割から3割が明日を見失い、そのいらいらから大切な仲間をいじめたり、夜の町に出たり、暗い自分の部屋で自分を傷つけたり、不登校や引きこもりになってしまっています。

しかし、日本の多くの親や教師、大人たちはこの事実に気づいていません。その理由は簡単です。子どもたちを昼の世界でしか見ていないからです。

もし、大人たちが私のように夜の町を「夜回り」すれば、私のように夜メールや電話での相談を始めれば、あるいは、せめてインターネットの自殺系やメンタル系の掲示板やブログを見れば、すぐにわかるはずです。多くの子どもたちが暗い夜の世界で眠らず、眠れず、苦しんでいます。

子どもたちの心の状態を見ることは簡単です。毎日夜をどう過ごしているのか見ればいいのです。部屋でぐっすりと寝ていれば安心でしょう。でも、週末は部屋にいなかったり、毎晩涙ぐみながら眠れずに過ごしていたら、昼夜逆転し一晩中ネットやゲームをしていたら……。

私には、日本の多くの子どもたちが、家庭や学校で追いつめられているように見えます。子どもたちのまわり、家庭でも学校でも、厳しい言葉が飛び交っています。

みなさんの家庭はこの一年、温かい優しい思いやりのある言葉と、厳しく追いつめるようなひどい言葉、どちらが多かったですか。

また、子どもたちの前で夫婦喧嘩《げんか》をしたり、人の悪口や陰口をいったことがありませんか。

子どもたちにとって両親はこの世界で最も愛している、また信じている存在です。その2人が目の前で毎日のように喧嘩していたら、悪口や陰口をいっていたら、子どもたちは人が怖くて仕方なくなってしまいます。そして、人を信じることができなくなり、心を閉ざし、いつもびくびくしながら生きていくことになってしまいます。

この背景には日本の経済的社会的な閉塞状況があることは自明ですが、それでも、家庭の中を明るく安らげる場にすることは、とても簡単なはずです。

現在、日本の多くの子どもたちは心の休まる居場所を失っています。そして、いらいらからいじめをしたり、夜の町にさまよい出たり、不登校や引きこもりになったり、自らを傷つけ死へと向かっています。

自然と日々触れ合い、朝は早起き、昼は太陽の下を走り回り、夜は早く眠る。人間として、特に子どもたちにとって、こんな最も基本的なことが、多くの子どもたちにはできなくなっています。そして、夜の町やネット、ゲーム、テレビなどの魔の手につかまっています。

政府や地方自治体のこの問題に対する取り組みは遅れています。そのために、多くの子どもたちが救いの場を与えられることなく、明日を失っています。哀しいことです。

じつは、このような状況を一瞬にして変える方法はあります。それは、政府がこの国の夜を夜に戻せばいいのです。あらゆる店舗の営業を夜9時までとする。また、ネットや携帯電話の通信システムもテレビやラジオの放送時間も、すべて夜9時で終了とする。これで、確実に変わります。

しかし、これは不可能です。そうである以上、みなさん自身が自分の家庭を変えるしかありません。家庭を優しさと思いやりで満たし、そして規則正しい生活を送る。これができれば、自然とこの問題は解決していくのですが。

教育はビジネスか

世界の中で子どもの教育に最もお金がかかる国はどこでしょうか。私は日本だと考えています。

日本では、中学卒業までの義務教育については授業料や教科書代は無償ですし、貧しい家庭に対しては就学援助という形で、給食代や修学旅行代、制服代などの助成金が出ます。これは、欧米やロシアなどの国と比べても、まずは問題ないと考えます。

ただし、義務教育の枠を越した場合、民主党政権時代に公立高校の授業料の無償化は成立しましたが、入学時に必要な入学金や制服代、体操服代、上履き代などの費用、さらに教科書代は未だに有償です。これが貧しい家庭にとっては大きな負担となっています。そのために、働きながら学ぶことのできる夜間定時制高校へと進学先を変更する子どもたちもたくさん存在します。

そして、大学です。日本の大学は、アメリカを除けば、世界で最もお金のかかる教育機関です。受験するにも1万円から3万円の受験料を払わなくてはなりません。同じ大学の違う学部や異なる形式での試験を受験する場合でも、多くの大学では問答無用に受験料を徴収されます。その受験料がどうしてそのような金額になったのか、しかも、なぜ、ほとんどすべての大学でほぼ横並びに設定されているのかの説明もありません。

そして、無事に合格すれば30万円程度の入学金が必要です。日本の私立大学は非常に汚いやり方で入学試験を実施します。いわゆる偏差値の低い大学から順番に試験を行います。そして合格発表し、入学するか否かは問わず、必ずといっていいほど、次のランクの大学の合格発表の前に入学金を徴収します。たとえば、ある生徒が滑り止めも含めて5つの大学を受験し、本命は最後の大学だったとします。そして、すべての大学に合格したとします。各大学の入学金が30万円だとすれば、行きもしない4つの大学にまったく意味のない120万円もの大金を支払うことになります。なぜ、こんなことが許されているのでしょう。

私は先月、友人の文教関係では有名な国会議員と会う機会があり、この問題について話しました。彼には「何とか文部科学省を動かして、私立と国公立の大学の受験料の設定根拠を各大学に説明させ、その設定根拠について正当な理由のない大学の受験料を適正な金額に是正するように指導すること。また、入学金については、すべての大学の納付期限を3月31日と同じ日にすることによって、受験する生徒たちとその家庭に対する負担の軽減を図《はか》ってくれるように動くこと」をお願いしました。

彼から届いた返答に、私は哀しくなりました。

あれからすぐに動き、文科省の関係職員を呼んで説明を求めたそうです。文科省の官僚たちも、彼のいっていることが正当であることは認めたそうです。ただし、最後に「先生、私立大学に対してそのように厳密に指導をしたならば、多くの私立大学の経営が成り立たなくなり、つぶれてしまいます」といわれたようです。言い換えれば、日本の多くの大学は、受験料と入学しない生徒たちからまでむしり取る入学金という収入がなければ、大学経営ができない状況だということです。

彼には改めてお願いしました。「どうぞ、文科省の官僚に伝えてほしい。子どもたちから意味もないお金をむしり取らなくては経営が成り立たない大学は、むしろつぶれるべきだ。それ以上に、各大学がこんな愚《おろ》かなことをしなくてもきちんとした教育ができるように、国がお金を出して助成すべきなのではないか」と。

日本は教育に対する考え方が基本的に間違っています。教育は、塾や予備校は別として、ビジネスではないはずです。いや、教育をビジネスにしてはいけないのです。本来は、教育とは投資です。明日のこの国を、さらに豊かにしてくれる優秀な国民を養成するための未来への投資です。その投資が、いずれ花開き、明日の日本の糧《かて》となる。そういうものであるべきです。

また、教育の機会は、すべての日本の子どもたちに平等に与えられるべきものです。貧しさから高校進学や大学進学を諦める子どもが、存在してはいけないのです。どんな環境の子どもたちも、本当に明日のための学習意欲があるならば、平等に進学することができて、しかも、学業に専念できる。それを守ることが国の仕事のはずです。

これをこの国の多くの官僚や議員たちは忘れています。こんな状態が続けば、まさに国民の階層化が進んでいきます。貧しさ故に進学することができない子どもたちが、どんどん置き去りにされていきます。これが日本のあるべき姿なのでしょうか。

すべての子どもたちが、その能力と意欲に応じて、貧富の差なく平等に教育を受けることのできる国に、日本をしていかなくてはなりません。

ブラック部活は生徒にも影響あり

このところ、教員の勤務状況が問題になっています。特に部活動の顧問をしている教員（中学校と高校の場合は、ほとんどすべての教員ですが）の労働時間が、あまりにも過酷ではないかと問題になっています。

私も全日制の高校で教員をしていた時は、吹奏楽部の顧問でした。1年で休みを取ることができるのは、12月30日から1月3日の5日間だけ。朝練のために午前6時30分には出勤し、夜は片付けまで入れれば午後9時までの勤務が続きました。病気になっても、私がいなければ練習はできませんから、無理をしても学校に行きました。家族旅行などは夢のまた夢。そんな生活でした。これは私だけではありません。ほとんどの若い教員にとっては当たり前のことでした。年配の教員たちにとっては、自分たちも若い頃はやっていた教育活動ですから、「いずれ年を取ったら楽になるよ」といつもこういわれていました。

私は最初の1年間だけは我慢して勤め上げました。しかし、2年目には部活の生徒たちと何度も話し合いをし、週に1回の休みと、夏には1週間の休みを全部員で取るようにしました。

今、日本では過労死が問題にされているせいで、厚生労働省傘下の労働基準監督署が厳しく過重労働を取り締まっています。大きな摘発は何度もあります。ひどい労働環境の企業などは摘発され、その名前が公開されます。これは素晴らしい進歩だと考えます。

でも、「ブラック企業」と呼ばれる一般の会社の労働問題だけに焦点を当てるのではなく、まずは、学校の現場を最優先できちんとしてほしいと考えます。

これには理由があります。学校において部活で教員が過重労働をしているということは、生徒たちも大切な心身の発達時期に、負担の多い過重な活動を強いられているということです。被害者は教員だけでなく、生徒たちも同様です。部活の顧問教員が家族との団欒《だんらん》の時間や旅する機会を失っているということは、生徒たちにとっても同様なのです。子どもたちにとって、その心身の健全な発達の場である学校が、部活をしている生徒にとっては最も不健全な場になっているのではないでしょうか。得るものと失うもの、どちらが大きいのでしょうか。

私は、高校時代の部活の過酷な練習で肘や膝、腰を壊し、一生を壊れた体で生きなくてはならなくなった生徒たちをたくさん見てきました。成長期の子どもたちへの節度をわきまえない指導は、こんな哀しい結果を導きます。

また、私のいた定時制高校には、幼い頃からサッカーや野球の優秀な選手として育てられ、落ちこぼれにさせられた生徒たちが何人も入学してきました。その生徒たちのほとんどは小学生の頃から練習中心の生活ですから、中学で身につけているべき学習内容をほとんど理解していませんでした。確かに野球やサッカーなどのスポーツに特に優れていて、それで成功し、一生を幸せに生きることのできる人たちも存在します。でも、それはごく一握りの人たちです。明日を失う人たちのほうが多いのです。

私は、すべての日本の教員のためにも、日本の教育のためにも、基本的には部活動は学校教育から離すべきだと考えています。そして、体育や社会教育の一環として、専門の指導者の下で展開すべきだと考えます。

しかし、それはすぐには無理です。それならば、日本のすべての中学校と高校の部活の活動時間を、文部科学省が強制的に制限すべきだと考えます。月曜から金曜、つまり授業のある日は放課後2時間までとする。また、土日はどちらか1日だけで4時間までとする。祝日と学校の休業中は練習は行わない。ただし、発表会や競技会、大会の場合は除く。

現在の状況の中で、これを教員から提案することは不可能です。一部の親や「部活動こそ命」と考えている教員たちからの反発が強すぎます。ぜひ、厚労省と文科省は、今までの現場の教員たちの命を削った献身に甘えることなく、すぐにでも対処してほしいと思います。

考えてもみてください。学校は、教員にとってはきちんと授業を展開し、生徒たちの一生に必要でかつ役に立つ知識を教える場であり、それが教員の本来の任務です。

また、生徒たちにとっては、学校はこれからの人生に役立つ様々な知識を学び身につける場です。

部活動は、学校教育においては単なる付録に過ぎません。しかも、多くの教員たちの犠牲の上に成立しているブラックな付録なのです。

国の中央教育審議会が、教員の勤務態勢の是正のために教員の数を増やしたり、様々な手を打とうとしているようです。まずは部活動について、私の提案のような改革を速やかに実行すれば、中学校や高校においては多くの教員たちが救われます。何より、その数十倍の生徒たちが健全な生活へと戻ることができます。

日本の精神医療の危険性

私はずっと、日本の精神医療について危険性を感じています。いや、厳しくいえば、精神科や心療内科、神経科を一度解体し、治療の在り方を再考すべきだと考えています。

今の日本の精神科医のほとんどは、カウンセリングと投薬による治療に専念しています。医師に「眠れない」と訴えれば睡眠薬を投与されますし、「いらいらする」といえば向精神薬、「死にたい」と告げれば抗うつ剤を投与されます。しかし、環境が要因の後天的な精神疾患を、その環境を変えることなく精神科薬の投与によって脳自体の活動に大きな影響を与え、環境に適応できるようにすることは、本当の意味での治療といえるのでしょうか。

たとえば、虫歯が痛くて歯科医院に行ったとします。「歯が痛い」と相談したら、痛み止めを2週間分渡されました。2週間後には痛み止めがなくなり、再度歯医者に行ったら、また痛み止めを2週間分渡される。こんな治療では、半年後には虫歯がひどくなってしまいます。痛みの原因である虫歯を治すことが、本当の治療です。

精神科医も、なぜ眠れないのか、なぜいらいらするのか、なぜ死にたいのか、その原因を探り、突き止め、解決することが、本来の治療なのではないでしょうか。

原因が家庭の問題にあるのなら、家族を呼び家庭環境を変える。学校にあるのなら、校長や教育委員会に連絡してその解決にあたる。職場の環境にあるのなら、上司に連絡し、職場環境を変える。ここまで動いている精神科医は、日本に何人いるのでしょう。

みなさんに聞きたい。

何かの病気で医者にかかり、何ヵ月もその病気が治らなければ、その医者はヤブ医者で、使いものにならない医師となるでしょう。でも、精神科医の場合、治療と称して何ヵ月も何年も投薬の量を増やしながら続け、患者の脳を破壊しています。これは許されることなのでしょうか。

日本では、たばこの中のニコチンやお酒に含まれるアルコールは子どもたちの心や体、脳の健全な成長に大きな害を与える可能性があるという理由で、法律によって厳しく禁止しています。このニコチンやアルコールよりはるかに危険な精神科薬を、中学生や高校生に何年にもわたり投与することは、その子どもたちの脳や体、心に消すことのできない大きな害をもたらします。私は、これはある意味で殺人行為だとすら考えています。

すべての医師はその治療計画及び薬の副作用、治療後の成果についてきちんと患者に伝える義務があり、その行為に責任を取らなくてはなりません。でも、これをきちんとやっている精神科医や心の病《やまい》の治療にかかわる医師はいるのでしょうか。

今、日本では１２０万人がうつ病と認定され精神医療機関で治療を受けており、それ以外に１１００万人が、心の病の治療を受けています。彼らの受けている治療のほとんどが、精神科薬の投与のみです。ここで使われている治療費は2兆６０００億円に及びますが、ほとんどが薬代で、この10年間で60倍に増えています。

日本は世界でも数少ない精神科薬の複合投与をする国であり、危険な精神科薬を何種類も患者に投薬します。これが背景にあります。しかし、風邪を早く治したいからと、ブロンやセデス、ルルやバファリン、葛根湯などの風邪薬を一度に飲んだらどうなりますか。先進国の多くはこの危険性に気づき、単薬投与を基本としています。

1220万人、つまり国民の10人に一人が心を病み健全な労働ができない国に、明日はあるのでしょうか。私はないと考えています。それほど、現在の日本は危機的な状況です。

私は、精神医療によって壊され殺された子どもたちをあまりにも見過ぎました。昨日も一人失いました。中学校時代のいじめから、心を病み、投薬によるうつ病の治療を10年以上にわたって受けてきた女性です。精神科からもらった処方薬を一度に100錠以上飲み、自ら命を絶ちました。彼女はすでに向精神薬の依存症でした。私は数ヵ月前から相談を受け、何とか知り合いの病院に預け、環境を変えながら退薬を試み、心の病の解決に入ろうとしていた矢先の死でした。

精神医療を受けている人たちへお願いです。

必ず担当医師に治療計画及び薬の副作用をきちんと書面に書いてもらってください。そして、治療がきちんとできなかった場合、完治しなかったり症状が悪化した場合は、訴えることを医師に伝えてください。ほとんどすべての医師が治療を拒否するはずで、その医師は信頼に値しません。これをきちんとしてくれた医師から治療を受けてください。

つけ加えますが、私は医師による精神科薬の投与をすべて否定しているわけではありません。眠れない状態が何日も続けば、その患者の体は壊れてしまいます。死にたい状況が続いていれば、自ら命を絶ってしまうことにもつながります。2ヵ月から4ヵ月ほど精神科薬を投与し、症状を緩和させ、その間に環境を変えさせていく。このような治療は否定していません。それこそが本来の治療の姿でしょう。

自殺者減少の秘策

日本の自殺者の数は、国の関係機関から2016年は約2万2000人と発表されました。つまり、1年間で地方の1つの町の全人口にあたる人たちが、自ら命を絶っているということです。しかも、世界の他の国々と比べて日本は若年層の自殺が多く、2014年度の統計では、15歳から39歳の世代の死因トップは自殺です。

しかし、世界保健機関（WHO）は、日本の自殺者数は約10万人と推定しています。これは、WHOはその国の変死者数の半分を自殺者数に計上するためです。日本の変死者数は15万人前後で推移していますから、その半数である7万5000人を厚生労働省が発表している自殺者数に足せば、この数値に近づきます。

みなさんはどちらの数値を信じますか。私は経験から、WHOの数値がより事実に近いと考えています。

私は２００４年に水谷青少年問題研究所を設立し、子どもたちや若者たちからの相談に対応しています。「一人の子どもも死なせない」と、昼夜を問わず対応し続けてきました。

しかし、私のところに報告があっただけで２３３名の死を確認しています。この数は、あくまでも亡くなったことを家族や友人が知らせてくれたもので、本当はもっと多いはずです。そのほとんどはリストカットとＯＤによるものですが、医師が書く死亡診断書の多くは、リストカットの場合は事故死、ＯＤの場合は中毒死と書かれています。また、変死の扱いを受けたケースもあります。この理由は、痛いほどわかります。子どもを亡くし、残された親や家族の気持ちを考えたら、医師たちの多くはあえて自殺と書くことはしないからです。

理由なく自ら命を絶つ人はいません。児童や生徒の場合は、家庭での虐待や学校でのいじめがその主たる原因でしょう。だとするならば、それを防ぐ手立てをきちんと打つことのできない政府に問題があるということです。成人の場合は、会社での過重労働などの勤務体制の問題が多いでしょう。それも、今は政府も必死に動いていますが、やはり政府の問題でしょう。また、高齢者の場合は、高齢者が安心して生活していくことができる国創りをしていないという事実の現れで、政府の無策が最たる原因といえるでしょう。

政府は速やかに自殺統計の在り方を見直すべきだと考えます。

各地の医師会と連携を取り、限りなく自殺に近いグレーゾーンの死者の数を把握し、発表すべきだと考えます。そして、その一つひとつの背景や原因を分析、解明し、政府の施策の中でそれを解決していく。これが、今早急に必要です。

じつは、日本各地には、その地域で自殺する可能性の高い人たちを知っている人がいることをご存じですか。

それは、全国の消防署に配置されている救急隊の職員です。彼らは、自殺未遂の場合もリストカットやＯＤの場合も、患者を救急搬送します。私の手元には、総務省の「自損行為による救急搬送人員数」の統計資料があります。それによれば、毎年５万人前後の人たちが自損行為で救急搬送されています。しかも、一度は医師による処置で助かっても、それを繰り返し、最後には死に至っています。

もし、自損行為で搬送した人の住所や氏名を、救急隊が各地域の保健所に通報し、各保健所が専門の保健師をその家庭に派遣したり電話したりできれば、それだけで多くの命を救えます。


私は東京都八王子市南大沢にある「救急救命東京研修所」で講師をしています。ここは国家資格である救急救命士の資格を取得する機関で、全国の救急隊から選抜された300名の隊員が半年間の研修を受けます。毎年前期と後期の2回の講演の中で、隊員たちに聞くことがあります。

「君たちの中で、リストカットやODなどの自損行為による患者を搬送したことのある隊員はいますか」まずは全員が手を挙げます。「それでは、同じ患者を再度自損行為で搬送したことのある隊員は？」200名前後の隊員が手を挙げます。「最後に、その患者が死に至ったケースは？」100名ほどの隊員が手を挙げます。そこで、彼らにお願いします。「職場に帰ったら上司と話し合い、自損行為で搬送した患者について保健所と連携できる態勢作りができないか検討してください」と。

本来、彼らに頼むことでないのは、百も承知しています。しかし、10年以上にわたり私は、救急隊を統括する総務省や保健所を監督する厚労省に、この連携の必要性を訴えてきました。残念ながら、お決まりの縦割り行政の中で、まったく動いてもらえませんでした。

もし、この連携ができたら、日本の自殺者数、特に若い人たちの自殺者数を極めて短期間に大きく減らすことができると私は確信しています。

「心身一如」で心と体の病を予防する

人の死には2種類あることを知っていますか。

多くの人は「知っている。それは心停止と脳死。かつては心停止を人の死としていたが、今日本では臓器移植などのために、脳死を人の死としている」と答えると思います。

でも、私がたずねている2つの死は、これとは違います。

私は人の死には、「体の死」と「心の死」があると考えています。「体の死」は、心停止であれ脳死であれ、私たちの体が死んでしまう状態です。「心の死」はこれとは異なります。虐待やいじめ、あるいは哀しい体験によって心が壊れてしまい、自ら生きようとする意思を失った状態を指します。また、いじめなどによって心を殺され、その「心の死」を原因として自ら命を絶ち、「体の死」に至る人たちもたくさん存在します。

人間の体は非常によくできています。多少の細菌やウイルスが入り込んだとしても、体温を上げることで細菌やウイルスを死滅させられますし、傷や怪我は自らの力によって修復されます。このように人間の体には、ある程度の怪我や病気に対する自然治癒《ちゆ》力が備わっています。

それに対して、人間の心は非常に脆《もろ》く弱いものです。哀しみや苦しみを溜め続ければ、風船のように破裂してしまいますし、一挙に大きな悲嘆が訪れれば、ガラスのように粉々に壊れてしまいます。残念ながら、その修復は自然にはなかなかできません。今、多くの人が、この心の弱さに気づいていません。そして、心を病んでしまっています。

仏教の有名な言葉に「心身一如《しんしんいちにょ》」があります。その意味は「心と体は表裏一体一つのもので、お互いに常に深く関係し合っている」ということです。

また、みなさんもよく耳にすると思いますが、同じような意味で「健全なる精神は健全なる身体に宿る」という諺《ことわざ》もあります。日本人の多くがこのことを忘れていると、私は考えています。そして、それが、心の病が急増している一因であるとも思っています。

どこか体の調子が悪い時に、楽しいことを考えることができますか。明るく優しく振る舞うことができますか。できないはずです。体調が悪いと、考えることはどんどん暗くなるはずですし、機嫌も悪くなるはずです。

でも、日本人の多くは、特に子どもたちは、夜遅くまでテレビを見たりネットをしたり、あるいはスマホなどで必要のないコミュニケーションを取ったりしています。寝不足が重なると体調が悪くなりますし、朝から眠くていらつきます。いらいらするせいで、人をいじめてしまったり、不用意な発言で相手を傷つけてしまったりします。いわれた相手もぴりぴりしていますから、ちょっとしたことで傷ついてしまうのではないでしょうか。

うつ病やリストカット、自死などの環境要因による心の病は、文明病といわれてい

ます。主にアメリカや日本、イギリスやフランスなどの先進国で多く発生していま
す。その理由は、次のように考えれば明らかです。

アフリカや南アジア、南米などの途上国の人たちは、生きていくために朝から晩まで体を使って働き続けます。当然ですが、体は疲れ果てていますから夜は眠くてたまりません。生きていくために、悩んでいる暇もないのです。

それに対して先進国では、多くの人の場合、特に子どもたちの場合、体はそんなに使いません。移動はバスや電車がありますし、ラインやメールなどで人と会うことなくコミュニケーションを取ることもできます。また、テレビやネット、ゲームで外に出かけることなく楽しむこともできます。その一方で、どこにいても人の目を気にし、耳をそばだて、車に気をつけてと、心は日々疲れています。体は疲れていないのに心が疲弊《ひへい》しているせいでバランスが取れなくなり、心身が分離してしまう。私はここに、現代の心の病の原因の一つを見ます。

このことに、今から約1200年前に気づいていた人が日本にいます。それは密

教・真言宗の開祖である弘法大師、空海さんです。弘法大師は「四国八十八ヵ所巡礼」というお遍路《へんろ》を作りました。悩み苦しんだ時、ともかく四国の八十八の霊場（札所《ふだしょ》）を巡礼する。総距離は１３００キロ以上で、踏破には男性の足で三十数日、女性の場合は40日以上かかります。毎日朝早くから夕方遅くまで歩きますから、体は健康になり、夜もぐっすり眠ることができます。しかも、お遍路は「同行二人」といって、「弘法大師と一緒に歩く」という意味もあります。道々でお接待を受け、お茶を振る舞ってもらったり、雨宿りをさせていただいたりと、多くの人たちの優しさに触れます。

まさに、疲れ切って壊れてしまった心を、体も疲れさせることによって、再度「心身一如」にするための最適な方法です。

さらに、この心の病の問題を日本から一掃する方法もあります。

それは、夜9時から朝の6時まで、電子機器を含めたすべての機器の電源を落とすことです。夜を夜に戻せばいいのです。朝は早く起きて、昼は存分に学び、働き、夜は速やかに眠る。この規則正しい生活を送れば、ほとんどの人の心の病は治癒するでしょう。それどころか、体の病も減るでしょう。

しかし、これを国家単位でできないことは、みなさんも承知していると思います。

そこで、みなさんの家庭で、少なくても日曜日の夜から金曜日の朝まで、この規則正しい生活を送ってみませんか。これこそが、今できる一番簡単な心の病と体の病の予防法であり、治療法だと私は考えています。

おわりに

この原稿を書き続けている間に、国内では衆議院総選挙での安倍晋三首相率《ひき》いる与党自民党の圧勝、小池百合子東京都知事率いる希望の党の惨敗、そして、民進党の事実上の分裂、立憲民主党の立党と勝利と、大きな政治の展開が起きました。与党は憲法改正に必要な三分の二の議席数を確保し、それに対抗すべき野党は、見る影もありません。

外交的にも、北朝鮮は未だにアメリカや日本に対する強硬な施政を保ち、国連などの厳しい経済制裁を受けても、核開発と長距離弾道ミサイルの開発をやめる気配はありません。

世界に目を向けても、イスラム国（ＩＳ）はその拠点を失い、中東ではほぼその活動ができなくなるほど衰退しましたが、その影響を受けたイスラム過激派によるテロが、世界各国で続いています。ＩＳ崩壊後の中東では、トルコやイラクによって抑圧されてきたクルド人たちによる独立の動きが、新たな火種となりそうです。

アメリカ国内でも、ドナルド・トランプ大統領の強硬な、そして傲慢《ごうまん》な政治姿勢に対しての批判がやむことなく、国内を二分し、不安定な状況となっています。また、この動きは東アジア、特に北朝鮮問題に暗い影を落としています。もはやいつこの地域で戦闘が起きてもおかしくないほど、切迫した状況となっています。

私たち人類は、20世紀初めの2度にわたる世界大戦で、国と国が戦うことの悲惨さと不毛さを十分学んだはずでした。また、戦後のソ連とアメリカの核による冷戦の中で、使用すればその二国のみならず、地球そのものが、すべての人類が滅ぶ可能性のある核兵器の危険性を十分理解したはずでした。

それが、今壊れようとしています。世界の各国がお互いを尊重し、共存し、繁栄していく。これが戦後の国際政治の原点だったはずです。今や有名無実になろうとしています。哀しいことです。

でも、忘れてはいけないことがあります。私たちは第2次世界大戦後、民主主義を世界の大切な政治制度として学び、実現してきました。そしてそれは、不完全ではあ

ります が、世界中に広がっていきました。ソ連や東欧の崩壊、イラクやリビアなどの独裁国家の崩壊は、そのいい例でしょう。

私はこの民主主義が、今危険な状態になっていると考えています。じつは、その思いが私にこの本を書かせました。

民主主義は、私たち国民一人ひとりが自分の中に、国の在り方や世界の在り方、生き方についての、きちんとした考えを持たなければ危険なものになります。ただ、マスコミの情報に振り回されたり、感情的な、しかし、カリスマ性のある人に影響を受けたりして、自分を見失い流されてしまえば、民主主義は形だけのものとなってしまいます。成熟した国民のみが民主主義を守ることができます。

私は今、日本のみならず、アメリカや世界の多くの国が衆愚政治（浮動的な大衆が政治に参加して無方向・無政策的な決定を行う政治）、すなわち、ポピュリズムに陥りつつあるのではないかと危惧しています。

それを防ぐ意味でも、みなさん一人ひとりに、みなさん自身の、世界観や国家観、人生観を作ってほしい。そんな思いで、この本を書きました。

未来を担う子どもたちを戦場に送ることなく、平和で安定した人生を過ごせるようにするためにも、まずは、私たち自身が少数異見を持ちましょう。

著者

水谷 修（みずたに・おさむ）

１９５６年、神奈川県横浜市に生まれる。上智大学文学部哲学科を卒業。１９８３年に横浜市立高校教諭となるが、２００４年9月に辞職。在職中から継続して現在も、子どもたちの非行防止や薬物汚染の拡大防止のために「夜回り」と呼ばれる深夜パトロールを行い、メールや電話による相談や、講演活動で全国を駆け回っている。２０１４年4月より「ワイド！スクランブル」（テレビ朝日系）の火曜日コメンテーターとして出演中。主な著書には、『夜回り先生』『夜回り先生と夜眠れない子どもたち』『こどもたちへ　おとなたちへ』（以上、小学館文庫）、『増補版さらば、哀しみのドラッグ』（高文研）、『夜回り先生の幸福論　明日は、もうそこに』『夜回り先生　子育てで一番大切なこと』（以上、海竜社）、『どこまでも生きぬいて』（ＰＨＰ研究所）、『さよならが、いえなくて』『夜回り先生の卒業証書』『夜回り先生　こころの授業』『あした笑顔になあれ』『あおぞらの星』『あおぞらの星2』『いいんだよ』『夜回り先生からのこころの手紙』『夜回り先生50のアドバイス　子育てのツボ』『夜回り先生　いのちの授業』『ありがとう』『夜回り先生　いじめを断つ』『Ｂｅｙｏｎｄ』『約束』『優しさと勇気の育てかた』（以上、日本評論社）などがある。

少数異見《しょうすういけん》――「考える力」を磨く社会科ゼミナール

2018年3月15日　第1版第1刷発行

著　者　水谷《みずたに》　修《おさむ》

発行者　串崎　浩

発行所　株式会社日本評論社

〒170-8474

東京都豊島区南大塚3-12-4

電話03-3987-8621（販売）

FAX03-3987-8590（販売）

振替00100-3-16

https://www.nippyo.co.jp/

装　幀　図工ファイブ

印刷所　株式会社精興社

製本所　株式会社難波製本

ISBN978-4-535-58726-7　Printed in Japan